Inselträume auf Ko Chang

Buddhastatue in Sukhothai

8 Doi Inthanon
Im Tal können Sie Spiegeleier auf dem Autodach braten, auf dem höchsten Berg Thailands müssen Sie die Jacke zuknöpfen, wenn Sie durch den Nebelwald spazieren (Seite 54)

9 Phimai
In dem angenehmen Städtchen finden Sie die schönsten Khmer-Tempel außerhalb Kambodschas (Seite 64)

10 Elephant Round-Up in Surin
Elefantenshows gibt es viele in Thailand. Aber dieses ist das prächtigste Spektakel von allen (Seite 65)

11 Ko Samui
Abtanzen, bis die Sonne aufgeht: Die Diskoszene gibt der Insel einen ganz eigenen Rhythmus (Seite 74)

12 Khao-Sok-Nationalpark
Spaß im Dschungel: Hier können Sie nicht nur die größte Blume der Welt bestaunen, sondern auch einen Urwaldfluss hinabgondeln (Seite 79)

13 Ko Phi Phi
Die Inseln von Phi Phi mit ihren schroffen Klippen und sahneweißen Stränden sind ein Wunder der Natur (Seite 79)

14 Phang Nga
Schon James Bond war von den bizarren Kalksteinbergen im Meer beeindruckt (Seite 79)

15 Similan-Inseln
Thailands Tauchreviere zählen zu den besten der Welt. Rund um die Similan-Inseln entdecken Sie wahre Wunder in der Tiefe (Seite 88)

★ *Die Highlights sind in der Karte auf dem hinteren Umschlag eingetragen*

NESCAFE
Dream
HONDA

MARCO POLO

Thailand

Reisen mit Insider Tipps

Diesen Führer schrieb der Journalist Wilfried Hahn. Er reist seit 1978 jedes Jahr mehrere Monate in Thailand und arbeitet als Südostasienkorrespondent für die Zeitschrift »abenteuer & reisen«.

marcopolo.de

Die aktuellsten Insider-Tipps finden Sie unter www.marcopolo.de, siehe auch Seite 98

MAIRS GEOGRAPHISCHER VERLAG

SYMBOLE

Insider Tipp **MARCO POLO INSIDER-TIPPS:**
Von unserem Autor für Sie entdeckt

★ **MARCO POLO HIGHLIGHTS:**
Alles, was Sie in Thailand kennen sollten

HIER HABEN SIE EINE SCHÖNE AUSSICHT

WO SIE JUNGE LEUTE TREFFEN

PREISKATEGORIEN

Hotels

€€€	über 50 Euro
€€	25–50 Euro
€	bis 25 Euro

Preise für ein Doppelzimmer. Einzelzimmer sind geringfügig billiger. Saisonale Zuschläge bzw. Rabatte sind möglich.

Restaurants

€€€	über 10 Euro
€€	5–10 Euro
€	bis 5 Euro

Preise für ein Zweigängemenü ohne Getränke. Gerichte mit Langusten oder Importfleisch können deutlich teurer sein.

KARTEN

[110 A1] Seitenzahlen und Koordinaten für den Reiseatlas Thailand

[U A1] Koordinaten für die Bangkok-Karte im hinteren Umschlag

[0] Objekte außerhalb der Bangkok-Karte

Zu Ihrer Orientierung sind auch die Orte mit Koordinaten versehen, die nicht im Reiseatlas eingetragen sind.

GUT ZU WISSEN

Land des Lächelns **10** · Die Herren Damen **38**· Thai-Sprachführer **104**

DIE BESTEN MARCO POLO INSIDER-TIPPS .... vorderer Umschlag
DIE WICHTIGSTEN MARCO POLO HIGHLIGHTS 4
AUFTAKT 7
Entdecken Sie Thailand!
Geschichtstabelle 8
STICHWORTE 13
Königshaus und Geisterhäuschen
ESSEN & TRINKEN 19
Im Feinschmeckerparadies
EINKAUFEN 23
Perlen, Gold und Seide
FESTE, EVENTS UND MEHR 26
KURZBESUCH IN BANGKOK 28
OSTKÜSTE 33
Rummel und Ruhe unter Palmen
ZENTRALTHAILAND 41
Alte Königsstädte und die Brücke am Kwai
DER NORDEN 51
Abenteuer und Kultur
DER NORDOSTEN 61
Wo Thailand noch ursprünglich ist
DER SÜDEN 69
Urlaubsparadies über wie unter Wasser
AUSFLÜGE & TOUREN 81
In die Berge und auf die Inseln
SPORT & AKTIVITÄTEN 87
Trekking, Tauchen, Bungeejump
MIT KINDERN REISEN 91
Ein Königreich für Kinder
ANGESAGT! 110
PRAKTISCHE HINWEISE 95
Von Anreise bis Zoll
SPRACHFÜHRER 103

REISEATLAS THAILAND 107

KARTENLEGENDE REISEATLAS 109
MARCO POLO PROGRAMM 125
REGISTER 126
IMPRESSUM 127
BLOSS NICHT! 128

Die wichtigsten Marco Polo Highlights

Sehenswürdigkeiten, Orte und Erlebnisse, die Sie nicht verpassen sollten

1. **Songkran**
Wasser marsch! Wenn die Thais ihr Neujahrsfest feiern, geht es in jeder Hinsicht feuchtfröhlich zu (Seite 27)

2. **Großer Palast und Wat Phra Keo**
Die Palastanlage in Bangkok mit dem Königlichen Tempel ist ein Ensemble von erhabener Majestät (Seite 28)

3. **Chatuchak Weekend Market**
Das Angebot ist riesig auf diesem Flohmarkt der Superlative in Bangkok (Seite 30)

4. **Wanderung auf Ko Chang**
Wenn Sie vom White Sand Beach zum Kai Bae Beach wandern, müssen Sie nicht Slalom zwischen Liegestühlen laufen (Seite 39)

5. **Am River Kwai**
Die weltberühmte Brücke am Kwai liegt 130 km von Kanchanaburi entfernt. Aber richtig spannend wird's erst, wenn Sie mit der »Todeseisenbahn« weiter Richtung Myanmar fahren (Seite 45)

6. **Sukhothai**
Die Wiege Siams: Hier entstand die Thai-Nation. Spüren Sie der »Morgendämmerung des Glücks« nach (Seite 48)

7. **Trekking in den Bergen**
Zu Fuß in eine andere Welt: Entdecken Sie nicht nur die nordthailändischen Berge, sondern auch fremde Kulturen (Seite 54)

Blaues Wasser, weißer Sand, grüne Palmen: Ko Samui

Entdecken Sie Thailand!

Prachtvolle Tempel, abenteuerliche Bergtouren und traumhafte Strände: Das Königreich ist ein faszinierendes Reiseland – und das Land des Lächelns

Ein Bauerndorf im Nordosten Thailands. Wie eine vergessene Insel im Ozean liegt es in den Reisfeldern, die sich bis zum Horizont ziehen. Ein Mönch läuft die staubige Dorfstraße entlang. Eine alte Frau kniet vor ihrem Pfahlhaus, bietet dem Mönch ihre Gaben an. Einen kleinen Plastikbeutel mit Reis, zwei hart gekochte Eier. Der Mönch bleibt stehen, hält ihr die Almosenschale hin. Er verliert kein Wort des Dankes. Dank zu sagen ist Sache der Spenderin: Sie hat Gelegenheit bekommen, Gutes zu tun. Dann erhebt sie sich, steigt die Holztreppe ihres Hauses hoch. Oben dreht sie sich nochmal um. Sie schaut in die Ferne, wo sich eine asphaltierte Straße in den Reisfeldern verliert. Die Straße führt nach Korat, in die Provinzhauptstadt, und weiter nach Bangkok, in die ganz große Stadt. Ihr Sohn arbeitet dort als Taxifahrer. Vielleicht ist er es, der gerade im Morgenverkehr der Hauptstadt feststeckt und dem fliegenden Blumenhändler eine Kette aus Jasminblüten und Rosenblättern abkauft – ein duftender Glücksbringer als Zierde für den Rückspiegel.

Mobile Imbissstände wie dieser gehören in Thailand überall zum Straßenbild

Parasailing am Chaweng Beach auf der Insel Ko Samui

Egal, ob Sie in einem thailändischen Dorf Ruhe atmen oder in Bangkok im Stau stecken: Sie werden feststellen, dass dies ein Land ist wie kein anderes. Ein Land voller Geheimnisse, fremdartig. Und trotzdem werden Sie sich nicht lange fremd fühlen, denn dies ist auch das Land des Lächelns. Es sind vor allem seine Menschen, die Thailand zum Urlaubsland Nr. 1 in Asien gemacht haben.

Auch wenn die Thais stets auf Ausgleich bedacht sind, sich lieber arrangieren als zu den Waffen greifen, so machten sie doch mit ihrem Nachbarn im Nordwesten schlechte Erfahrungen: Die Burmesen leg-

Geschichtstabelle

Ab 3500 v. Chr. In Ban Chiang in Nordostthailand siedelt ein Bauernvolk, das bereits Töpferei und Bronzeherstellung beherrscht

8.–11. Jh. Thais wandern aus Südchina ein

11.–12. Jh. Kambodschanische Khmer beherrschen fast ganz Thailand

1238 Thais brechen die Herrschaft der Khmer. Sukhothai wird Hauptstadt des ersten Thai-Königreiches

1275–1317 König Ramkhamhaeng, der »Vater der Thais«, macht Sukhothai zu einem mächtigen Reich. Er entwickelt das Thai-Alphabet, fördert Außenhandel, Künste und die Verbreitung des Buddhismus

1350 In Ayutthaya entsteht ein neues Königreich

1512 Portugiesische Händler kommen als erste Europäer nach Ayutthaya, gefolgt von Holländern, Engländern, Franzosen

1767 Burmesen erobern Ayutthaya. Die Hauptstadt wird zerstört

1782 König Chakri, Rama I., gründet die Chakri-Dynastie und macht das Dorf Bangkok zur neuen Hauptstadt

1868–1910 König Chulalongkorn, Rama V., schickt Thais zur Ausbildung nach Europa und schafft die Sklaverei ab

1932 Unblutiger Staatsstreich. Die absolute Monarchie wird in eine konstitutionelle umgewandelt

1939 Siam erhält den Namen »Thailand« (Land der Freien)

1946 König Bhumibol Adulyadej wird als Rama IX. gekrönt. Seit 1988 ist er der am längsten regierende thailändische Monarch)

1973 Die Militärregierung schlägt Studentenproteste blutig nieder und muss abdanken

1980–1988 General Prem Tinsulanonda führt als Premier eine Koalitionsregierung. Wirtschaftsboom in Thailand

1992 Massenproteste gegen die Machtübernahme durch General Suchinda Kraprayoon

1997 Die Wirtschaftskrise beendet die Boomjahre abrupt

1999 Der Internationale Währungsfonds lobt den Reformwillen der von Chuan Leekpai geführten Koalitionsregierung. Die Wirtschaft erholt sich

2001 Der Unternehmer Thaksin Shinawatra verspricht Wirtschaftsreformen sowie Schuldenmoratorium für die Bauern und wird neuer Premier

ten Ayutthaya, eine der glanzvollsten Metropolen der damaligen Zeit, im Jahr 1767 in Schutt und Asche. Als die europäischen Mächte nach Fernost kamen, um auch diese Gegend der Welt unter sich aufzuteilen, kam Siam als einzige Nation in Südostasien nicht unter koloniales Joch. Flexibel wie Bambus, der sich dem Wind beugt, um nicht zu zerbrechen, lavierte sich die Nation auch durch die stürmische Zeit des Zweiten Weltkriegs. Statt sich mit den übermächtigen Japanern anzulegen, verbündete man sich lieber offiziell mit ihnen. Die Nachkriegsgeschicke des Landes dominierten Generäle, die um politischen Einfluss rangelten und sich immer wieder an die Macht putschten. Studentenproteste wurden 1973 und 1976 blutig niedergeschlagen. Aber der Wirtschaftsboom der Achtzigerjahre veränderte nicht nur die Skyline von Bangkok, sondern auch die politische Landschaft. Gerade in der Hauptstadt bildete sich eine breitere Mittelschicht heraus. Sie entwickelte ein politisches Bewusstsein, forderte Mitsprache bei der Gestaltung des Landes ein.

Schon wahr, leicht zu verstehen ist dieses Volk nicht. Wie zum Beispiel soll man begreifen, dass Menschen, die sich mit Begeisterung auf alles stürzen, was *tansamai* (modern) ist, höchst abergläubisch sind? Internetcafés eröffnen wie am Fließband, aber die gleichen Leute, die per Mausklick durch die Netzwelt surfen, fürchten sich vor Geistern und bauen ihnen zur Besänftigung ein Häuschen an jeder Ecke. Oder gleich einen ganzen Schrein.

> *»Schon wahr, leicht zu verstehen ist dieses Volk nicht...«*

Händlerinnen auf dem Schwimmenden Markt in Bangkok

Die Kreuzung der Hauptstraßen Ploenchit und Rama I., Ratchadamri und Ratchaprarop in Bangkok: Stoßstange an Stoßstange haben sich Autos, Busse, Lastwagen festgefahren. Das übliche Chaos. Aber selbst hier ist das exotische Thailand lebendig geblieben. Nein, der Duft von Räucherstäbchen, die Klänge klassischer Thaimusik, die sich mit Motorenlärm mischen, sind keine Halluzination. Und auch die grazilen Tänzerinnen in ihren glitzernden Prunktrachten sind keine Sinnestäuschung. Sie tanzen an der Ecke von Ploenchit und Ratchadamri um eine vergoldete Statue. Mit Lotosblüten in den gefalteten

Händen knien Schulmädchen neben Sekretärinnen, Banker neben Bauarbeitern. Sie beten für Glück in der Liebe, im Beruf, im Spiel. Der Vergoldete im verkehrsumtosten Erawan-Schrein ist der vierköpfige Hindu-Gott Brahma – und die ihn da anflehen, sind gläubige Buddhisten. Aber Pragmatiker sind sie auch und sehen sich nicht als Abtrünnige vom Glauben. Wo steht geschrieben, dass ein fremder Gott nur den Seinen hilft?

» Kokospalmen werfen gefiederte Schatten auf sahneweiße Strände... «

Mit knapp 514 000 km^2 ist Thailand etwa so groß wie Frankreich. Geografisch wird es in vier Regionen unterteilt. Die Zentrale Ebene mit ihrem fruchtbaren Schwemmland ist die Reiskammer des Landes und mit der Millionenstadt Bangkok zugleich der wichtigste Industriestandort. Ausläufer des Himalaya bilden die Berge des Nordens. Dort oben, wo Bergvölker in bunten Trachten noch Brandrodungsfeldbau betreiben, erlauben die Temperaturen der Wintermonate sogar den Anbau von Erdbeeren und Äpfeln. Die dürregeplagte Hochebene des Nordostens ist trotz karger Böden fast ausschließlich Bauernland. Rund 20 Mio. der 61,5 Mio. Thais leben hier im Isan, dem Armenhaus des Landes. In den Dörfern sind die Straßen zumeist Pisten, das Wasser schöpfen die Menschen aus Brunnen und Zisternen.

Aber wer will es den Fremden, die aus der Kälte kommen, verdenken, dass es sie dorthin zieht, wo das Schlagwort von den »glücklichen Tropen« begreifbar und der Urlaubstraum wahr wird: in den Süden, der sich wie der Rüssel eines Elefanten bis hinunter zur malaysischen Grenze zieht. Auf den Feldern wächst Ananas, in Planta-

Land des Lächelns

Harmonie geht den Thais über alles

Nachzugeben, Konfrontationen nicht auf die Spitze zu treiben ist ein Wesensmerkmal der Thais. Nicht nur im Ränkespiel der Mächte, sondern auch im alltäglichen Leben. Sie mischen sich nicht in die Angelegenheiten anderer ein und erwarten, dass kein anderer ihnen sagt, was sie zu tun und zu lassen haben. Offene Kritik ist verpönt, bedeutet sie doch Störung der Harmonie und Gesichtsverlust – so ziemlich das Schlimmste, was einem Thai passieren kann. Die lebensbejahenden Thais neigen nicht zum Grübeln. *Kid mak, puat hua,* sagen sie sich, vom vielen Nachdenken bekommt man nur Kopfschmerzen. Freilich bleiben auch die Thais von den Widrigkeiten des Lebens nicht verschont. Aber selbst diese können sie oft noch mit einem Lächeln hinnehmen.

gen stehen Gummibäume Spalier, und Kokospalmen werfen gefiederte Schatten auf sahneweiße Strände. Die Fischer binden bunte Tücher und Blütengirlanden an den Bug ihrer Boote, in Gärten leuchten Bougainvillea-Sträucher.

Die einzige Stadt, die das Prädikat »Weltstadt« für sich in Anspruch nehmen darf, ist Bangkok. Etwa jeder siebte Thai wohnt hier. Auf den ersten Blick sieht die Metropole mit ihren Hochhäusern und Blechlawinen aus wie jede andere moderne Großstadt. Aber wenn Sie genauer hinschauen, entdecken Sie, dass die Baustile durcheinander gewürfelt sind wie der Inhalt einer Spielzeugkiste. *Suey mak*, wunderschön, sagen die Thais. Denn Eintönigkeit und Langeweile fürchten sie fast noch mehr als Geister.

Viele junge Männer gehen als Mönche auf Zeit ins Kloster

Noch zur Zeit des Zweiten Weltkriegs überspannte ein grünes Dach fast das ganze Königreich: 70 Prozent der Fläche waren bewaldet. Aber die rasant wachsende Bevölkerung brauchte immer mehr Agrarland. Heute sind die Waldgebiete auf etwa 20 Prozent geschrumpft. Nur noch 2000 wilde Elefanten sollen auf dicken Sohlen durch den Dschungel streifen, und die Zahl der vom Aussterben bedrohten Großkatzen wird auf einige Hundert geschätzt. Ihre Rückzugsgebiete sind nur wenige der insgesamt 99 Nationalparks und Schutzzonen, die freilich immerhin über die Hälfte der gesamten Waldfläche ausmachen.

Trotzdem müssen Sie nicht in den Zoo gehen, um eine artenreiche Tierwelt zu entdecken. Im Golf von Siam und insbesondere in der Andaman-See liegen Tauchreviere, die zu den besten in Südostasien gehören. Zwar brauchen Sie Glück, um etwa mit riesigen, Plankton fressenden Walhaien um die Wette schwimmen zu können. Aber jede Tauchschule weiß, wo Sie die gefleckten (und ebenfalls harmlosen) Leopardenhaie fast mit der Hand streicheln können. Und die konfettibunten Korallenfische finden Sie auch ohne Lotsen überall im wohltemperierten Nass. Tauchen Sie einfach ab!

»Tauchreviere, die zu den besten in Südostasien gehören...«

Königshaus und Geisterhäuschen

In Thailand darf man auch den Premier mit Vornamen anreden. Und gute Sitten werden nicht nur bei Geistern geschätzt

Arbeitselefanten

Die grauen Riesen wurden seit Jahrhunderten als Waldarbeiter eingesetzt. Aber seit 1989 ist zum Schutz der stark dezimierten Wälder das Fällen von Bäumen landesweit verboten. Damit waren auch die Elefanten ihren Job los. Heute ziehen sie keine gefällten Stämme mehr aus dem Dschungel, sondern werden in der Tourismusbranche eingesetzt. Aber vergessen Sie nicht: Auch zahme Elefanten sind reizbar und können wild werden. Die Stiftung *Friends of the Asian Elephant* schätzt, dass es heute noch etwa knapp 4000 domestizierte Elefanten in Thailand gibt – 1980 waren es noch 10 000.

Bergvölker

Die *chao kao*, die Völker der Berge, werden allgemein als *hill tribes* (Bergstämme) bezeichnet. In langen Wanderungen sind sie aus dem Süden Chinas und Tibets über Laos und Burma (heute: Myanmar) in den Norden Thailands gezogen. Ihre Zahl wird auf rund 750 000 Menschen geschätzt. Das größte Volk mit rund 350 000 Angehörigen sind die Karen, die fast an der ganzen Grenze zwischen Thailand und Myanmar bis nach Südthailand siedeln. Die verschiedenen Völker unterscheiden sich in Sprache und Kultur stark. Ursprünglich Animisten, sind viele von Missionaren christianisiert worden oder zum Buddhismus übergetreten. Den Anbau von Schlafmohn zur Herstellung von Opium und Heroin haben Razzien von Armee und Polizei stark eingedämmt. Auch mit internationaler Unterstützung wird in einer Vielzahl von Projekten versucht, den Anbau von Gemüse, Obst, Kaffee und Tee in den Bergen zu fördern. Vielen Dörfern hat der Trekkingtourismus eine bescheidene Einnahmequelle eröffnet.

Das Wat Phra That Doi Suthep bei Chiang Mai wird überragt von einem vergoldeten Chedi

Bevölkerung

In Thailand wohnen ca. 61,5 Mio. Menschen. Die 60-Millionen-Grenze wurde offiziell am 2. November 1996 um 21.48 Uhr mit der Geburt von Poramet Boonsawat erreicht. Dem Knaben legte das Innenministerium ein Schulstipendium, ein Goldamulett und 10 000 Baht in die Wiege. Familienplanung wird von der Regierung groß geschrieben. Zur Ethnie der Thais werden 75 Prozent der Bevölkerung gezählt. 14 Prozent haben chinesische Vorfahren. Die 3,5 Prozent muslimischer Malaien (eine Volksgruppe, keine Nationalität) leben in den Provinzen nahe der malaysischen Grenze. Die restliche Bevölkerung setzt sich aus Khmer, Laoten, Vietnamesen, Mon, Shan und verschiedenen Stammesvölkern zusammen.

Buddhismus

Etwa 95 Prozent aller Thais bekennen sich zum Buddhismus. Vor allem auf dem Land gehen junge Männer auch heute noch als Mönche auf Zeit für ein paar Tage, Wochen oder Monate ins Kloster. Im Buddhismus bedeutet Leben Leiden. Nur wer den Kreislauf von Geburt und Wiedergeburt überwindet, gelangt ins Nirwana. Der Grund für die Leiden sind Begierden, zum Beispiel nach Besitz. Doch das Streben nach Wohlstand ist fast zu einer neuen Religion geworden und hat sogar Mönche und Klöster erfasst. Die Buddha-Jünger, die mit ihren Bettelschalen frühmorgens von Haus zu Haus ziehen, nehmen auch Geld an – was sie nach der reinen Lehre nicht sollten. Eine von der Thai Farmers Bank gesponserte Umfrage ergab, dass 44,5 Prozent der Bevölkerung mit dem Verhalten der Mönche nicht mehr zufrieden sind.

Erziehung

Die Schulpflicht beträgt offiziell neun Jahre. Viele Kinder hören aber schon nach sechs Jahren mit dem Lernen auf – oder brechen die Schule noch früher ab. Das betrifft

Geisterhäuschen: Jeden Morgen gibt es eine Überraschung

vor allem Mädchen auf dem Land. Sie müssen im Haushalt und auf dem Feld schon im zarten Kindesalter mit anpacken. Gleichwohl kann Thailand stolz sein auf seine Fortschritte im Erziehungswesen. Laut Statistik können 93,8 Prozent der Bevölkerung lesen und schreiben – eine der höchsten Raten in ganz Asien. Zentraler Bestandteil der Erziehung zu Hause ist die Wertschätzung der Familie. In einem Land ohne staatliche Rentenversicherung ist der Familienzusammenhalt auch finanziell von enormer Bedeutung.

Falang

Alle Ausländer mit weißer Haut werden von den Thais als *falang* bezeichnet – was nicht abwertend gemeint ist. Es bedeutet einfach »weißer Fremder« und ist möglicherweise eine Verballhornung des englischen Wortes *foreigner* (Fremder).

Geisterhäuschen
Auch wenn sie noch so gläubige Buddhisten sind – die Welt der Thais ist voller *phii*, voller Geister. Damit diese nicht Unheil stiftend umherirren, muss ihnen ein Haus gebaut werden. Egal ob es klein und schlicht wie ein Vogelhäuschen ist oder meterhoch und prächtig wie ein Tempel. Und jeden Morgen werden die unsichtbaren Nachbarn mit Gaben erfreut: mit Blumen, Reis, einem Glas Wasser und an wichtigen Tagen auch schon mal einem gebratenen Hähnchen.

Königshaus
Auch wenn Thailand seit 1932 keine absolute Monarchie mehr ist, so genießt das Königshaus immer noch höchstes Ansehen. Majestätsbeleidigung ist wie eh und je ein strafbares Delikt. Insbesondere das Oberhaupt der Chakri-Dynastie, König Bhumibol Adulyadej, wird als Rama IX. in allen Bevölkerungsschichten verehrt. Der 1927 in den USA geborene Monarch bestieg 1946 den Thron und hat seine Autorität als Landesvater durch alle politischen Wirren hindurch erhalten und sogar noch gesteigert. Zusammen mit Königin Sirikit hat er vier Kinder: Prinzessin Ubol Ratana (geboren 1951), Prinz Maha Vajiralongkorn (1952), Prinzessin Maha Chakri Sirindhorn (1955) und Prinzessin Chulabhorn (1957).

Namen
Ob Postbote oder Premierminister: Thais reden einander generell mit dem Vornamen an, vor den der Titel *Khun* (Herr oder Frau) gestellt wird. Man findet kaum Thais, die keinen Spitznamen (*tschu len*, wörtlich: Spielname) haben. Sehr beliebt sind Tiernamen. Nur Westler mögen sich darüber wundern, wenn sich jemand völlig unbekümmert als *mu* (Schwein), *kob* (Frosch), *gung* (Krabbe) oder *gai* (Huhn) vorstellt. Die inoffiziellen Zweitnamen werden schon den Säuglingen von ihren Müttern in die Wiege gelegt.

Prostitution
1997 wurde in Thailand die Erwachsenenprostitution legalisiert, nicht aber das Zuhältertum. Gleichzeitig wurde dem sexuellen Missbrauch von Kindern der Kampf angesagt, indem die Schutzaltersgrenze auf das 15. Lebensjahr festgelegt und die Strafen für Täter drastisch erhöht wurden. Die Zahl der Prostituierten in Thailand liegt nach Schätzungen zwischen 200 000 und 800 000. Viele minderjährige Prostituierte stammen aus Myanmar und Südchina. Sie wurden von Zuhältern aus ihren Heimatdörfern gelockt, über die Grenze geschmuggelt und zur Prostitution gezwungen. Der Tourismus hat in erheblichem Maß zur Ausbreitung von Prostitution und zu sexueller Ausbeutung von Kindern im Besonderen beigetragen. Seit 1993 werden Täter auch durch deutsche Gerichte verfolgt und zu Haftstrafen verurteilt.

Regierung
Staatsoberhaupt und Oberbefehlshaber der Streitkräfte ist der König. Er hält sich aus der Tagespolitik heraus, aber keine Regierung kann Politik gegen den König machen. Sein Wunsch wird als Befehl verstanden. Die Regierung wird vom Premierminister geführt. Das Parlament besteht aus einem gewählten Reprä-

sentantenhaus und einem ernannten Senat. Eine nach Ideologien unterscheidbare Parteienlandschaft wie im Westen gibt es nicht. Dass Politiker von einer Partei zur anderen wechseln oder neue Parteien gründen, ist nicht ungewöhnlich. Administrativ ist Thailand in 76 Provinzen unterteilt, deren Gouverneure vom Innenministerium ernannt werden. Nur der Gouverneur in Bangkok wird direkt vom Volk gewählt.

Sitten

Thais sind tolerant und mischen sich nicht in die Angelegenheiten anderer ein. Es gibt allerdings Situationen, in denen auch ihre Duldsamkeit ein Ende hat. Zum Beispiel bei abfälligen Bemerkungen über das Königshaus. Auch der Buddhismus, seine Vertreter und Symbole sollten mit Respekt behandelt werden. In Tempeln (gilt nicht für chinesische Tempel), Moscheen und Privathäusern müssen die Schuhe ausgezogen werden. Frauen dürfen Mönche keinesfalls berühren, sich auch nicht im Bus neben sie setzen. Wer nicht auf sein Äußeres achtet, verliert sein Gesicht. Bei Tempelbesuchen oder auch Behördengängen sollten Sie unbedingt auf gepflegte Kleidung achten. Sie werden sonst nicht eingelassen bzw. nur schleppend oder gar nicht bedient. Oben-ohne-Baden ist ein Verstoß gegen die Landessitten. Wer seinem Ärger lautstark Luft macht, wird ebenfalls verachtet. Die Selbstkontrolle zu verlieren ist für Thais eine der schlechtesten Charaktereigenschaften. Der Kopf ist zwar für Thais nicht »heilig«, wie manche Westler meinen, aber er ist – auch im übertragenen Sinne – das höchste Körperteil. Als Fremder sollten Sie den Kopf eines Einheimischen nicht berühren, selbst wenn es freundschaftlich gemeint ist. Der Fuß als niederstes Körperteil darf nicht auf andere gerichtet werden.

Thai-Boxen

Beim Nationalsport *muay thai* werden außer den Fäusten auch die bloßen Füße eingesetzt. Trommler heizen die Stimmung zusätzlich an. Fast genauso interessant wie der Kampf im Ring ist die Begeisterung der Zuschauer auf den Rängen. Als notorische Zocker lassen die Thais keine Gelegenheit zum Wetten aus, schon gar nicht beim Boxen.

Zur gelungenen Beinarbeit eines Thai-Boxers zählen auch Tritte

Tourismus

Im Jahr 2000 wurden 9,5 Mio. ausländische Besucher gezählt, eine Steigerung gegenüber dem Vorjahr von 10,8 Prozent. Damit ist das Königreich mit Abstand die Nr. 1 unter den asiatischen Touristenzielen. Die größte Besuchergruppe (1,2 Mio.) waren die Japaner. Aus Europa reisten 2,19 Mio. Gäste ein, davon 387 904 Deutsche, 114 030 Schweizer und 45 254 Österreicher. Knapp 40 Prozent aller Gäste waren Frauen – 12 Prozent mehr als zuvor.

Wahrsager

Die Stars der Branche empfangen ihre Kundschaft in luxuriösen Büros oder haben einen Schreibtisch auch schon mal im Foyer besserer Hotels stehen. Die weniger erfolgreichen Kollegen packen Spielkarten, Horoskope, Lupe (fürs Handlesen) ins Köfferchen und ziehen von Haus zu Haus oder sitzen in Parks. Auch viele Mönche betätigen sich als Zukunftsseher, was mit Buddhismus nichts zu tun hat. 25 Prozent aller Thais lassen sich mindestens einmal pro Jahr die Zukunft vorhersagen. Bei den Politikern sollen es sogar 84 Prozent sein.

Wai

Thais begrüßen sich nicht per Handschlag, sondern mit einem *wai.* Bei dieser anmutigen Geste werden die gefalteten Hände vor die untere Gesichtshälfte geführt. Das hört sich freilich einfacher an, als es ist, denn es muss eine Vielzahl von Regeln beachtet werden. So entbietet der Jüngere den Wai zuerst. Auch wer einen niedrigeren Rang bekleidet, muss zuerst grüßen, wobei je nach sozialem Status des zu Grüßenden die Hände mal höher, mal niedriger gehalten werden und auch der Kopf entsprechend zu senken ist. Die Thais werden Ihre Versuche mit (belustigtem) Wohlwollen betrachten. Es ist aber durchaus in Ordnung, wenn Sie nur mit einem freundlichen Lächeln und einem Kopfnicken grüßen. Den Wai eines Kindes, von Dienstpersonal oder gar eines Bettlers sollten Sie nicht erwidern – Sie machen sich sonst lächerlich.

Wat

Wat ist die Bezeichnung für Tempel- und Klosteranlage. Deshalb kann es in deutscher Sprache sowohl *der* Wat heißen (wenn nur der Tempel selbst gemeint ist) wie auch *das* Wat (wenn von der ganzen Klosteranlage die Rede ist). Normalerweise gehören Tempel und Kloster zusammen. Eine Ausnahme ist der Wat Phra Keo im Großen Palast in Bangkok: Zu diesem Königlichen Tempel gehört kein Kloster. Die Gebetshalle eines Wat wird *bot* genannt. Sie ist oft mit kostbaren Wandmalereien und Reliefs geschmückt und beherbergt stets eine große Buddhastatue. In einem Bot sitzen oder knien die Gläubigen auf dem Boden. *Chedi* sind spitz zulaufende Türme mit glockenartigem Fuß, Türme im klassischen Khmer-Stil heißen *prang.*

Wirtschaft

Auch wenn etwa die Hälfte aller arbeitenden Thais ihren täglichen Reis in der Landwirtschaft verdient, hat die Industrialisierung des Landes in den zurückliegenden Boomjahren große Fortschritte gemacht. Allerdings sind die Industriebetriebe weitgehend auf den Großraum Bangkok und die nahe Ostküste beschränkt.

Wichtige landwirtschaftliche Ausfuhrprodukte sind Reis (Thailand ist der größte Exporteur weltweit), Ananas, Kautschuk, Palmöl, tiefgefrorene Garnelen. Die Industrie exportiert insbesondere Elektro- und Elektronikartikel sowie Zubehör für die Automobilindustrie und Textilien. Thailand ist außerdem ein bedeutendes Ausfuhrland für Juwelen und Schmuck.

TOWER 2
to the Eastern Seaboard

Im Feinschmeckerparadies

Die thailändische Küche ist oft sehr scharf, aber immer leicht – und zum Nachtisch wartet ein himmlischer Früchtereigen

Die thailändische Küche gilt nicht nur als eine der besten der Welt, sie ist auch außerordentlich bekömmlich. Sie ist eigenständig und unverwechselbar, gleichwohl insbesondere von den Küchen Chinas, Indiens und Malaysias beeinflusst. Dazu kommen noch regionale Unterschiede. An jeder Ecke dampft und brutzelt es in kleinen Kneipen. Fliegende Händler verkaufen gegrillten Tintenfisch, Fleischspießchen oder auf Eis gekühltes Obst. Fahrbare Garküchen parken am Straßenrand, ein paar Hocker und Tischchen stehen auf dem Gehsteig, und fertig ist das Open-Air-Restaurant. Überm fauchenden Gaskocher oder über Holzkohle wird im Handumdrehen ein leckeres Essen zubereitet: Nudelsuppe mit Huhn oder Ente, gebratener Reis mit Krabben, ein Omelett mit Muscheln oder Pfannkuchen mit Ananasstückchen.

Kin kao jang? – Hast du schon gegessen? – ist in Thailand eine durchaus übliche Begrüßungsformel. Denn mehrmals täglich speisen, möglichst in Gesellschaft, ist wichtiger Teil der thailändischen Lebenseinstellung. Fleisch wird sparsam verwendet. Eher schon kommen Geflügel und Meeresfrüchte auf den Teller. Gemüse wird nur kurz gegart, bleibt dadurch knackig und behält seine Vitamine. Viele unterschiedliche Gewürze und Kräuter geben den Speisen den besonderen Pfiff, zum Beispiel Koriander, Zitronengras und -blätter, Ingwer und Basilikum, Tamarinde und Minze, Curry und Garnelenpaste. Nicht zu vergessen: Knoblauch und Chili!

So werden aus Wassermelonen saftige Kunstwerke

Nur die gehobenen Speiserestaurants halten sich an feste Zeiten für Lunch (etwa 11.30 bis 14 Uhr) und Dinner (etwa 18 bis 22 Uhr). Viele Lokale aber tischen Ihnen bis spät in die Nacht etwas auf, und Garküchen an den Straßen warten in den großen Städten und den Touristenorten sogar fast rund um die Uhr auf Gäste.

Thai-Gerichte kommen schon in mundgerechten Stücken auf den Teller oder können leicht mit Löffel und Gabel zerteilt werden. Gegessen wird mit dem Löffel in der rechten Hand. Die Gabel dient nur dazu, den Bissen auf den Löffel zu schieben. Lediglich Nudelgerichte

Thailändische Spezialitäten

Lassen Sie sich diese Köstlichkeiten gut schmecken!

gaeng kiau wan gai – grüner Curry mit Hühnchenfleisch und Auberginen, leicht süßlich *(wan)*. Dazu passt bestens gekochter Reis

gaeng massaman – roter Curry mit Rindfleischstückchen, Erdnüssen und Kartoffeln (etwas scharf), besonders beliebt in Südthailand

gung hom pa – Garnelen im Teigmantel, besonders lecker, wenn sie in Tartarsoße (eine Art Remouladensoße) oder eine süßsaure Essigsoße mit Chiliringen gestippt werden

kao niau – Klebreis, besonders im Nordosten Thailands geschätzt

kao pat – gebratener Reis mit Ei *(kai)* und Gemüse *(pak)*. Weitere Zutaten sind Krabben *(gung)*, Schweinefleisch *(mu)* oder Huhn *(gai)*

kui tiao nam – Nudelsuppe, meist mit Schweinefleisch oder Huhn, besonders lecker aber mit Ente *(pet)*. Thailands beliebteste Zwischenmahlzeit, von den Garküchen an jeder Ecke angeboten

pla piau wan – gebratener Fisch süßsauer, auch ein Fest fürs Auge: Die Soße wird mit viel buntem Gemüse und Ananasstückchen angerichtet

plamuk tohd katiam pik thai – Tintenfischstückchen, gebraten mit Knoblauch und Pfeffer (nicht scharf), immer ein leckerer Snack

som tam – Salat aus dünnen Streifen von noch grünen Papaya, der auch mit Cocktailtomaten, getrockneten Krabben, kleinen Krebsen und viel Chili zubereitet wird. Dazu passt rohes Gemüse, Klebreis und über Holzkohlenfeuer gegrilltes Huhn *(gai pat)*. Leibspeise der Menschen in Nordostthailand, aber längst auch im Süden sehr beliebt

tom yam gung – Zitronengras verleiht der säuerlichen Garnelensuppe, Thailands inoffiziellem Nationalgericht, ihren unverwechselbaren Geschmack, reichlich Chili die Schärfe. Dazu darf Reis nicht fehlen

tom kha gai – Suppe mit Hühnchenfleisch in Kokosmilch, ein besonderer exotischer Genuss. Aber Vorsicht: In der würzigen Brühe schwimmen auch Chilischoten!

yam wunsen – Glasnudelsalat mit Kräutern, Garnelen und Schweinehack: Auch ihm verleiht Chili beachtliche Schärfe!

und auch Suppen werden mit Essstäbchen gereicht, die von den Chinesen übernommen wurden. Ein typisches Thai-Menü für eine größere Runde besteht aus Speisen in bis zu fünf Geschmacksrichtungen: bitter, süß, sauer, salzig und scharf. Dazu gehört ein großer Topf mit Reis. Jeder bedient sich selbst, wobei es egal ist, in welcher Reihenfolge die Speisen verzehrt werden. Allerdings ist es unhöflich, wenn man sich alle Zutaten auf einmal auf den Teller häuft.

Thais verwenden Chili sehr großzügig. In Touristenlokalen werden die kleinen Scharfmacher jedoch sparsamer eingesetzt. Vorsichtshalber können Sie bei der Bestellung ein *mai peht* (nicht scharf) angeben. Standardgerichte wie gebratener Reis, gebratene Nudeln oder Nudelsuppen werden vom Gast selbst gewürzt. Auf jedem Tisch stehen dazu kleine Gefäße mit getrockneten und zermahlenen Chilischoten, Zucker (für die Nudelsuppe) und einer süßsauren Essigbrühe, in der frische Chilistückchen schwimmen. An Stelle von Salz gibt es *nam pla*, eine hellbraune Flüssigkeit aus fermentierten Fischen. Versetzt mit gehacktem Chili wird aus der Fischsoße *pik nam pla* – Vorsicht beim Dosieren!

Thailand ist ein Paradies für feine Früchte. Für Thais ist die Durian oder Stinkfrucht die Königin der Früchte. Das weißgelbe Fruchtfleisch hinter der Stachelschale ist fast cremig weich – man wird entweder süchtig danach oder hat nach dem ersten Bissen für immer genug davon. Die Mango *(mamuang)* hingegen entzweit die Obstliebhaber nicht. Besonders gut schmeckt sie mit konzentrierter Kokosmilch und mit Klebreis. Thais schätzen aber auch grüne Mangostreifen, die sie in ein Zucker-Chili-Gemisch stippen. Hinter der dicken, weinroten Schale der delikaten Mangostan *(mangkut)* verbirgt sich weißes, saftiges Fruchtfleisch, das süßlich und zugleich etwas säuerlich schmeckt. Auch die haarige Rambutan (*ngo*), die feinen Litschis *(lintschi)* oder die wie Glöckchen aussehenden roten Javaäpfel *(dschompu)* sollten Sie probieren.

In Garküchen werden blitzschnell leckere Snacks zubereitet

Das Angebot an frisch gepressten Obstsäften beschränkt sich meist auf Orangensaft. Trinkwasser *(nam bau)* aus Flaschen und Mineralwasser sind als Durstlöscher überall zu haben. Das beliebteste einheimische Bier ist *Singha*, wegen seiner Konservierungsstoffe nicht jedermanns Sache. Ebenfalls im Land gebraut werden Marken wie Kloster, Becks oder Carlsberg. Thailands inoffizielles Nationalgetränk ist der preiswerte *Mekhong.* Er wird aus Reis destilliert und als »Whisky« bezeichnet, ist aber eher ein Rum. Die Einheimischen nehmen ihn als Longdrink mit Mineralwasser (Touristen bevorzugen Cola) und einem kräftigen Spritzer Limonensaft auf Eis.

Perlen, Gold und Seide

Ob Sie Juwelen oder schöne Lackarbeiten suchen, eine neue Brille oder Holzspielzeug: In Thailand macht Einkaufen Spaß

Einkaufen ist eine der liebsten Freizeitbeschäftigungen der Thais, und Sie werden bald verstehen, warum das so ist. Das Angebot ist einfach riesig, für Besucher aus dem Westen sind die Preise oft äußerst günstig, und die Bedienung ist immer freundlich. Natürlich ist Bangkok die Shoppinghauptstadt des Landes: Hier können Sie über labyrinthartige Märkte bummeln, die Einkaufszentren sind gigantisch. Straßenhändler bieten alles von der gefälschten Markenuhr bis zum echten Holzspielzeug an. Viele Souvenirs und das meiste Kunsthandwerk stammen aus Nordthailand. Die Metropole Chiang Mai mit ihren vielen Geschäften und dem überquellenden Nachtmarkt ist nach Bangkok der beste Platz zum Einkaufen.

Die üblichen Mitbringsel sind längst nicht alles, worauf Sie in Thailand Ihr Auge werfen sollten. Brillen, Markenmedikamente oder Gewürze kosten nur einen Bruchteil dessen, was Sie zu Hause dafür bezahlen.

Die Schaufenster der Souvenirshops erinnern Sie rechtzeitig daran, ein paar schöne Mitbringsel zu kaufen

In Kaufhäusern *(department stores)* gelten Festpreise. Auch viele Geschäfte in Einkaufszentren oder einzelne Läden in Touristenorten zeichnen ihre Waren aus, aber meistens kann man dort den Preis noch etwas herunterhandeln. Unbedingt feilschen sollten Sie mit den Straßenhändlern. Kaufhäuser und Shoppingcenter öffnen ihre Türen täglich von 10 bis 22 Uhr, in Urlaubsorten zum Teil auch länger. Viele Geschäfte – und die Straßenhändler sowieso – warten bis spät in die Nacht auf Kundschaft.

Antiquitäten

Antiquitäten sollten Sie nur in renommierten Fachgeschäften mit dem blauen Zertifikat der Tourism Authority of Thailand (TAT) kaufen. Ein seriöses Geschäft erkennen Sie unter anderem daran, ob Sie auf die Ausfuhrgenehmigung aufmerksam gemacht werden, ohne die bei der Ausreise empfindliche Strafen drohen können. Wenn ein Geschäft die Ausfuhrgenehmigung nicht für Sie besorgt, müssen Sie sich selbst darum kümmern – und das kann eine Zeit raubende Prozedur werden.

Informationen gibt es beim *Department of Fine Arts* des Nationalmuseums in Bangkok *(Tel. 022 24 13 70)* oder beim Nationalmuseum im südthailändischen Songkhla *(Tel. 074 31 17 28)*.

Buddhastatuen

Die Ausfuhr von Buddhastatuen, egal, ob alt oder neu, ist für Nichtbuddhisten verboten. Die Thais haben kein Verständnis dafür, wenn Touristen einen Buddha als Souvenir betrachten. Lediglich Amulette, die am Körper getragen werden, dürfen auch von Touristen ausgeführt werden.

Gold und Juwelen

Thailands Schmuckindustrie genießt einen ausgezeichneten Ruf. Kaufen Sie jedoch niemals Juwelen von fliegenden Händlern. Halten Sie sich nur an renommierte Juweliere, die bei der TAT registriert sind (blaues Schild an der Tür).

Goldschmuck wird in speziellen Goldgeschäften angeboten. Die größten finden Sie in Bangkoks Chinatown – dort kaufen fast ausschließlich Einheimische, und auch Sie als Tourist können weitgehend sicher sein, dass man Sie nicht übervorteilt.

Kleidung

Vereinbaren Sie beim Schneider mindestens eine Anprobe, und bestehen Sie, falls erforderlich, auf Änderungen. Eine Anzahlung ist üblich, aber die ganze Summe sollten Sie erst dann begleichen, wenn alles zu Ihrer Zufriedenheit ausgeführt worden ist. Gerade in Bangkok können Sie aus einem riesigen Angebot fertiger Textilien wählen. Übergrößen für Westler sind zwar rar, aber im Normalfall werden Sie etwas Passendes finden.

Lackarbeiten und Keramik

Lackarbeiten sind ein traditionelles Kunsthandwerk: Holz wird mehrfach lackiert und dann von Hand bemalt. Die Ornamente sind entweder goldfarben auf schwarzem oder gelb und grün auf rotbraunem Untergrund. Hergestellt werden vor allem kleine Möbelstücke, Kästchen, Vasen und Figuren.

Ebenfalls eine lange Tradition hat das Keramikhandwerk. Viele Stücke sind daher auch Reproduktionen alter Stile. In fünf Farben (Grün, Blau, Gelb, Rosa und Schwarz) leuchtet das kunstvolle Bencharong mit seinen Blütenornamenten. Keramik im chinesischen Stil ist meist in Blau und Weiß gehalten. Typisch für das nordthailändische Seladon (Porzellan) ist die jadegrüne Farbe.

Leder, Felle und Muscheln

Bestimmte Tierprodukte, wie etwa Schlangenledergürtel oder Krokotaschen, dürfen nicht ohne Genehmigung bzw. Herkunftsnachweis ausgeführt werden. Der Export von Fellen geschützter Tiere wie Tiger und Leoparden ist generell verboten. Im Interesse des Artenschutzes sollten Sie aber solche Produkte überhaupt nicht kaufen. Achten Sie bei Krokotaschen zumindest auf einen Herkunftsnachweis, der bestätigt, dass das Krokodilleder von einer Zuchtfarm stammt.

Auch die Ausfuhr (und Einfuhr!) von Muscheln und Korallen kann Probleme bereiten. Umweltschützer weisen zudem darauf hin, dass die Souvenirindustrie die Küstengewässer inzwischen fast ausgeplündert hat und die meisten Muscheln und Korallen aus den Philippinen stammen.

Feiner Glanz in vielen Farben: Echte thailändische Seide ist handgewoben

Perlen

Die thailändischen Zuchtperlen stammen von der Insel Phuket. Dort können Sie die Farmen besuchen, wo die kostbaren Rundlinge in Muscheln wachsen. Dort erhalten Sie außerdem Tipps, wie Sie echte von künstlichen Perlen unterscheiden können: Echte Perlen fühlen sich nicht glatt und makellos rund an, wenn man sie in den Mund nimmt und sanft darauf beißt. Perlen erhalten Sie in Juweliergeschäften.

Raubkopien

Es wird alles als Raubkopie angeboten, was teuer ist und einen Namen hat, ob Armbanduhren, T-Shirts, Jeans oder Parfüm. Die Kopien sehen oft täuschend echt aus und kosten nur einen Bruchteil dessen, was für ein Original auszugeben ist. Zwar sind Herstellung und Handel solcher Fälschungen auch in Thailand illegal, aber die Nachfrage der Touristen ist einfach zu groß. Vor Ort werden die fremden Käufer keinen Ärger mit der Polizei kriegen, aber der heimische Zoll gratuliert bei der Einreise bestimmt nicht zum Schnäppchen.

Seide

Die thailändische Seide verführt mit ihrem feinen Glanz zum Kauf. Allerdings ist nicht jede Seide rein, die als »100% pure silk« angeboten wird. Sehr häufig ist sie mit Kunstfaser gemischt oder komplett künstlich. Da thailändische Seide von Hand gewoben wird, ist sie niemals vollkommen glatt, sondern mit kleinen Knötchen durchsetzt – was ihrer Eleganz übrigens keineswegs abträglich ist.

Feste, Events und mehr

Die Lebensfreude der Thais zeigt sich in vielen bunten Festen

Religiöse Feste fallen meist auf bestimmte Vollmondtage, weshalb ihre Daten sich von Jahr zu Jahr ändern. Lokale Feste können sich ebenfalls verschieben. Die Touristenbüros stellen die Termine jedes Jahr neu zusammen. An offiziellen Feiertagen bleiben Behörden und Banken, nicht aber die Wechselschalter, geschlossen.

Loi-Kratong-Fest in Sukhothai

Offizielle Feiertage

1. Januar: *Neujahrstag*
Vollmond im Februar: *Makha Pucha,* Gedenken an Buddhas Predigt vor 1250 Gläubigen
6. April: *Chakri-Tag,* Thronbesteigung Ramas I., Gründung der Chakri-Dynastie im Jahr 1782
12.–14. April: *Songkran*, thailändisches Neujahrsfest
1. Mai: *Tag der Arbeit*
5. Mai: *Krönungstag* des jetzigen Monarchen, König Bhumibol Adulyadej (Rama IX.)
Vollmond im Mai: *Visakha Pucha*, Gedenken an Buddhas Geburt, Erleuchtung und Tod
Vollmond im Juli: *Asaha Pucha*, Gedenken an Buddhas erste Predigt
Ein Tag nach Asaha Pucha: *Khaopansa*, Beginn der buddhistischen Fastenzeit
12. August: *Geburtstag von Königin Sirikit*
23. Oktober: *Chulalongkorn-Tag*, Todestag von König Chulalongkorn (Rama V.), der 1910 starb
5. Dezember: *Geburtstag von König Bhumibol*
10. Dezember: *Tag der Verfassung*
31. Dezember: *Silvester*

Feiertage und Feste

Januar

Bor-Sang-Schirm-Festival: Das Dorf Bor Sang bei Chiang Mai ist berühmt für seine handbemalten Papierschirme. Bei einem Umzug präsentieren Mädchen in Festgewändern die schönsten Schirme.

Januar/Februar

Chinesisches Neujahrsfest: Wird nur in der zentralthailändischen Stadt Nakhon Sawan mit einer Drachen- und Löwenparade gefeiert. Auf Phuket findet ein einwöchiges Tempelfest im Kloster (Wat) Chalong statt.

April

★ *Songkran:* Das Neujahrsfest vom 12. bis 14. April (in Chiang Mai bis 15. April) ist das wildeste von allen. Die Menschen bespritzen und überschütten sich mit Wasser. Auch Touristen bekommen ihre Dusche ab.

Mai

★ *Königliche Zeremonie des Pflügens:* Das Fest in der zweiten Maiwoche markiert den Beginn der Reispflanzsaison. Prächtiges Spektakel vor dem Großen Palast in Bangkok, auch der König ist dabei. Tribünenplätze sind über das Touristenbüro in Bangkok zu buchen.

September/Oktober

Bootsrennen: Bis zu 40 Männer pro schmalem Langboot paddeln um die Wette. In Phichit und Phitsanulok (Zentralthailand), Nan (Norden) und Phimai (Nordosten).

Oktober

Büffelrennen: In Chonburi (zwischen Bangkok und Pattaya) sind Bauernjungen die Jockeys und Wasserbüffel die Reittiere.

★ *Vegetarierfestival:* Bizarres Fest auf Phuket und, in kleinerem Ausmaß, in Trang (Südthailand). Chinesischstämmige Thais versetzen sich in Trance und treiben sich Spieße, Nadeln, Haken und sogar Handbohrer oder Regenschirme ins Fleisch. Während des Festes leben die Teilnehmer streng vegetarisch.

November

★ *Loi Kratong:* Das bezauberndste Fest des Jahres – Körbchen mit brennenden Kerzen werden zu Wasser gelassen. Am romantischsten in Sukhothai und Ayutthaya sowie in Chiang Mai. (Vollmond im Nov.)

November/Dezember

River Kwai Bridge Week: Die berühmte Brücke und die »Todeseisenbahn« stehen im Mittelpunkt. Fahrten mit alten Dampfloks, Feuerwerk mit Licht- und Ton-Schau an der Brücke in Kanchanaburi

In Bangkoks Erawan-Tempel

Kurzbesuch in Bangkok

Klongs und Skytrain, Tempel und Thai-Boxen

EIN KURZBESUCH

Karte in der hinteren Umschlagklappe

[118 C1] Auch wenn sich im internationalen Sprachgebrauch »Bangkok« durchgesetzt hat, so nennen die Thais ihre Kapitale (ca. 8 Mio. Ew.) bei ihrem schöneren Namen, *Krungthep,* »Stadt der Engel«. Natürlich finden Sie in Bangkok viele Sehenswürdigkeiten, die ein touristisches Muss sind. Aber der Puls dieser Stadt schlägt woanders: zum Beispiel in der wuseligen Chinatown, wo alte Männer ihren Morgenkaffee in winzigen Kneipen schlürfen.

Am schnellsten, bequemsten und billigsten kommen Sie mit der neuen *Hochbahn (Skytrain)* durch die Stadt *(z. B. von der Sukhumvit Rd. bis zum Chatuchak Weekend Market in 15 Minuten für 40 Baht).* Vergnüglich ist eine Fahrt mit dem offenen *Doppeldeckerbus* durchs historische Bangkok vom Großen Palast zum Vimanmek-Palast **[U C2]** *(Ratchawithi Rd., Zusteigemöglichkeit nur dort). Tgl. 9–18 Uhr, 200 Baht, Infotel. 026 45 07 10*

Ausführliche Informationen finden Sie im MARCO POLO Reiseführer »Bangkok«.

SEHENSWERTES

Großer Palast und Wat Phra Keo **[U A3]**

★ Der Königspalast mit dem Tempel des Smaragdbuddha im Herzen des historischen Bangkok ist die berühmteste Sehenswürdigkeit in ganz Thailand. Hinter weiß getünchten, zinnenbewehrten Mauern erwartet die Besucher ein architektonisches Ensemble von märchenhafter Schönheit. Zutritt haben Touristen nur in gepflegter Kleidung. Frauen sollten mindestens knielange Röcke und keine ärmellosen Blusen tragen, Männer keine kurzen Hosen. Selbst hinten offene Sandalen sind verpönt. Schuhe oder Umhänge können ausgeliehen werden. *Tgl. 8.30–11.30 und 13 bis 15.30 Uhr, Eintritt 125 Baht, Na Phralan Rd.* Das Ticket berechtigt auch zum Besuch der *Königlichen Münz- und Dekorationensammlung (auf dem Palastgelände)* sowie zum Eintritt in den *Vimanmek Royal Palace* **[U C2]** *(an der Ratchawithi Rd.),* den größten Teakholzpalast der Welt.

Klong **[U A–B 4–6]**
Im Stadtteil Thonburi werden auch heute noch Güter und Menschen auf Klong (Kanälen) transportiert. ★ Touren bietet jedes Reisebüro an. Sie können aber auch selbst ein Motorboot samt Steuermann chartern. Boote gibt es an den Anlegestellen am Chao-Phraya-Fluss, zum Beispiel hinter dem Großen Palast oder beim Hotel Oriental. *Pro Stunde 350–450 Baht (Handeln ist Pflicht!)*

Insider Tipp

Sampeng Lane **[U B4]**
In dieser schmalen Gasse in Chinatown lebt das alte Bangkok noch. Ein Laden liegt neben dem anderen, und viele sehen noch aus wie vor 100 Jahren. *Parallel zur Yaowarat Rd. Richtung Chao Phraya River*

Jim Thompson's House **[U D3]**
Thompson baute nach dem Zweiten Weltkrieg die thailändische Seidenherstellung wieder auf. Der Amerikaner verschwand 1967 spurlos in den Bergen Malaysias. Seine Residenz beherbergt asiatische Kunst und Antiquitäten von erlesener Schönheit. *Mo–Sa 9–16.30 Uhr, Eintritt 100 Baht, 2 Soi Kasemsan, Rama I. Rd.*

Wat Arun **[U A4]**
Der »Tempel der Morgenröte« ist mit seinem 79 m hohen Prang, einem reich mit Porzellan und buntem Glas verzierten Turm, ein Wahrzeichen Bangkoks. *Tgl. 8 bis 16.30 Uhr, Eintritt 20 Baht, Arun Amarin Rd. im Stadtteil Thonburi, ständig fahren Boote vom Thien-Pier nahe Wat Po über den Fluss*

Wat Benjamabophit **[U C2]**
Aus italienischem Carrara-Marmor ist dieses Juwel von einem Tempel erbaut. *Tgl. 9–17 Uhr, Eintritt 20 Baht, Sri Ayutthaya Rd.*

Wat Po **[U A4]**
Bangkoks ältester Tempel südlich vom Großen Palast beherbergt eine Massageschule und einen 44 m langen, vergoldeten liegenden Buddha. Achten Sie auf die Perlmuttintarsien in den Fußsohlen. *Tgl. 9–17 Uhr, Eintritt 20 Baht, Eingänge Chetuphun und Thai Wang Rd.*

MUSEUM

Nationalmuseum **[U A3]**
★ In den verschiedenen Gebäuden erhalten Sie einen exzellenten Einblick in thailändische Geschichte, Kunst und Kultur. Die Artefakte reichen von prähistorischen Funden und prächtigen Elefantensesseln bis zu antiken Waffen, Preziosen und den königlichen Beerdigungskutschen. *Mi–So 9–16 Uhr, Do 9.30 Uhr deutschsprachige Führung, Eintritt 40 Baht, Na Phratat Rd.*

ESSEN & TRINKEN

Vor allem zur Lunchzeit bieten selbst Tophotels sehr preiswerte Mittagsbuffets an. Von der Terrasse des *Ban Klang Nam* **[O]** *(Rama III. Rd., Soi 14, Tel. 022 92 01 75, €–€€)* haben Sie einen schönen

Blick auf den Chao Phraya. Hier bekommen Sie Thai- und chinesische Küche sowie feine Meeresfrüchte. Im *Bangkok Sky Restaurant* **[U E3]** *(Ratchaprarop Rd., Tel. 026 56 30 00, €€)* in Bangkoks höchstem Hotel, dem Baiyoke Sky (320 m), sind die Speisen gut, die Aussicht ist phantastisch.

Im *Cabbages & Condoms* **[U F4]** *(Soi 12, Sukhumvit Rd., Tel. 022 29 46 10, €)* gibt's außer guter Thai-Küche auch Kondome. Das Lokal gehört dem Exgesundheitsminister Meechai, der sich um die Geburtenkontrolle im Land sehr verdient gemacht hat. Thai-Küche auf Spitzenniveau serviert das *Lemongrass* **[O]** *(Soi 24, Sukhumvit Rd., Tel. 022 58 86 37, €€–€€€)*. Exzellente *Royal Thai Cuisine*, die auch das Auge verwöhnt, gibt es im Insider Tipp *Thanying* **[U C6]** *(10 Pramuan Rd., Seitenstraße der Silom Rd., Tel. 022 36 43 61, €€–€€€)*: sehr elegant, sehr trendy.

EINKAUFEN

Die Haupteinkaufsstraßen sind die *Sukhumvit Rd.* **[F 4–5]**, *Silom Rd.* **[U C6–D5]**, *Rama I.* **[U D–E4]** und *Ploenchit* **[U E4]**, in denen Sie viele Kaufhäuser, Shoppingcenter, Läden und Straßenhändler finden. Chinatown ist sowieso ein einziges Shoppingcenter – in erster Linie für die Einheimischen. Insider Tipp Bei *Bangkok Dolls* **[U E3]** *(85 Soi Ratchatapan, Ratchaprarop Rd., nahe Pratunam-Markt)* werden Puppen jeglicher Art in Handarbeit gefertigt.

Insider Tipp Auf dem *Bo Beh Market* **[U C4]** *(Krung Kasem Rd.)* decken sich viele Straßenhändler mit Textilien ein. Hier werden auch Einzelstücke zu fast unglaublich niedrigen Preisen verkauft. Fragen Sie einfach, ob Sie ein Muster *(sample)* bekommen können. Der ★ *Chatuchak Weekend Market* **[O]** *(Chatuchak Park, Kamphang Pet Rd., nahe dem nördlichen Busbahnhof, nur Sa, So)* ist der größte Flohmarkt des Landes – ein Erlebnis.

Im *Chitralada Shop* **[U C2]** *(tgl. 10–16.30 Uhr, Chitralada Palace, zwischen Rama V. und Sawankhalok Rd., Eingang durchs Ratwithi-Tor, Filiale auch im Großen Palast)* können Sie in der Königsresidenz Kunsthandwerk und Handarbeiten erwerben. Nehmen Sie auf alle Fälle Ihren Ausweis für die Wache mit. Frauen müssen Röcke tragen, offene Sandalen sind nicht erwünscht. Das *Mah Boonkrong Center* **[U D4]** *(444 Phayathai Rd.)* ist auf sieben Stockwerken vollgestopft mit Shops und Ständen. Auf dem *Pratunam Market* **[U E3]** *(Ratchaprarop Rd.)* sind die Textilien nicht ganz so billig wie in Bo Beh, aber immer noch äußerst preiswert.

ÜBERNACHTEN

Atlanta Hotel **[U F4]**
Travellerherberge mit Tradition. Die Zimmer sind mit Aircondition oder Ventilator ausgestattet. Einfach, geräumig und sauber. Kleiner Garten mit Pool. *59 Zi., 78 Soi 2, Sukhumvit Rd., Tel. 022 52 60 69, Fax 022 55 21 51, €*

Baiyoke Sky Hotel **[U E3]**
Höchstes Hotel Asiens (320 m, 88 Stockwerke) beim Pratunam-Markt in bester Shoppinglage. Geräumige und komfortable Zimmer. *673 Zi., 222 Ratchaprarop Rd., Tel. 026 56 30 00, Fax 026 56 35 55, www.baiyoke hotels.co.th, €€€*

Insider Tipp **Rembrandt Hotel** **[O]**

Sehr gutes Preis-Leistungs-Verhältnis, luxuriöse Zimmer. In einer ruhigen Seitenstraße. *406 Zi., 19 Soi, 18 Sukhumvit Rd., Tel. 022 61 71 00, Fax 022 61 70 17, www.siam.net/rembrandt, €€€*

Insider Tipp **Swiss Park Hotel** **[U F4]**

Von außen schlicht, aber die Zimmer mit gehobener Ausstattung sind ihr Geld wert. Das Haus hat einen kleinen Pool. *108 Zi., Soi 11, Sukhumvit Rd., Tel. 022 54 02 28, Fax 022 54 03 78, €€*

Tower Inn **[U D6]**

Gute Mittelklasse, sogar mit Dachgarten im 19. Stockwerk, kleinem Pool, Fitnesscenter. *150 Zi., 533 Silom Rd., Tel. 022 37 83 00, Fax 022 37 82 86, €€*

Tempelwächter im Großen Palast

AM ABEND

Der Treffpunkt für Bangkoks gestylte Diskoszene ist das *Narcissus* **[O]** *(tgl. ab 21 Uhr, Soi 23, Sukhumvit Rd.)*. Durch die Riesendisko *Nasa Spacedrome* **[O]** *(tgl. ab 21 Uhr, Ramkhamhaeng Rd., außerhalb des Zentrums, Taxi 100 bis 150 Baht pro Person)* fliegt um 24 Uhr ein Raumschiff. Im Pub *Round Midnight* **[U E4]** *(tgl. ab 18 Uhr, Soi Lang Suan, Ploenchit Rd.)* ist jede Nacht Partynacht bei Livemusik. In der In-Disko *Taurus Pub* **[O]** *(tgl. ab 20 Uhr, Soi 26, Sukhumvit Rd.)* spielen Bangkoks angesagteste Bands live.

Thai-Boxen können Sie in den großen Boxstadien sehen: *Lumpini Boxing Stadium* **[U E5]**, *Di und Fr 18.30–23 Uhr, Sa 17–24 Uhr, Rama IV. Rd., Tel. 022 51 43 03, Eintritt 220–920 Baht; Ratchadamnoen Boxing Stadium* **[U B2]**, *Mo, Mi, Do 18–23 Uhr, So 17–23 Uhr, Ratchadamnoen Nok Av., Tel. 022 81 42 05, Eintritt 220–1000 Baht)*. In *Patpong* **[U D5]** gibt es jeden Abend einen Nachtmarkt mit Souvenirständen.

AUSKUNFT

Tourism Authority of Thailand (TAT)

Le Concorde Plaza **[O]** *(Hauptbüro), Mo–Fr 8.30–16.30 Uhr, 202 Ratchadapisek Rd., Tel. 026 94 12 22, Fax 026 94 12 20*

Zentraler liegt das TAT-Büro an der *Ratchadamnoen Nok Av.* **[U B3]** *(tgl. 8.30–16.30 Uhr, Tel. 022 82 97 73, Fax 022 82 97 75)*.

TAT-Schalter finden Sie im Terminal 1 und 2 des *Don Muang Airport* **[O]**.

Rummel und Ruhe unter Palmen

Zwischen der Touristenhochburg Pattaya und der Dschungelinsel Ko Chang liegen Urlaubswelten

Der erste Eindruck ist ernüchternd. Wenn Sie Bangkok auf der Nationalstraße 3 in Richtung Osten verlassen, fahren Sie mitten in das größte Industrierevier des Landes, das *Eastern Seaboard.* Kein Meer in Sicht, Kilometer um Kilometer geht es vorbei an Fabrikschornsteinen, Betrieben, Speditionen und Lagerhallen. Aber keine Bange, Sie sind auf dem richtigen Weg. Und wenn Sie bei der Industriestadt Chonburi die Salzteiche passiert haben, kommen auch schon wieder bessere Aussichten. Die rund 400 km lange Ostküste zwischen der Chao-Phraya-Mündung und der kambodschanischen Grenze ist nur im oberen, hauptstadtnahen Teil eine Industrielandschaft. Im Abschnitt zwischen Pattaya und Rayong kommt wieder Urlaubslaune auf. Während an den Stränden von Pattaya Touristen aus aller Welt in den Liegestühlen bräunen, werden die Strände von Rayong fast ausschließlich von großstadtgeplagten Thais an Wochenenden und zur Ferienzeit überschwemmt. Hinter Rayong, einer touristisch uninteressanten Provinzhauptstadt, haben Fischer und Obstbauern den fruchtbaren Küstenstreifen dann wieder für sich allein. Nur noch zwei größere Städte passieren Sie auf der Weiterfahrt: Chantaburi, berühmt für seine roten Saphire, und Trat, Sprungbrett für den Trip nach Ko Chang. Thailands zweitgrößte Insel (429 km^2) steckt touristisch noch in den Kinderschuhen und ist für einen naturnahen Badeurlaub ohne Rummel der schönste Platz an der gesamten Ostküste des Golfs von Siam.

Traumhaft: White Sand Beach auf der Insel Ko Chang

Die Orte in diesem Kapitel werden Ihnen der Fahrtroute folgend vorgestellt.

PATTAYA

[118 C3] Berühmt und berüchtigt – Sündenbabel für die einen, Thailands Urlaubsort mit der besten Infrastruktur für die anderen – an Pattaya scheiden sich nach wie vor die Geister. Die Behörden haben einiges getan, um den Ruf der 70 000-Einwohner-Stadt aufzupolieren: Zum Beispiel haben sie eine Strandpromenade gebaut, und sie sind dem Problem der Kinderprostitution auf den Fersen. Und im Vergnügungszentrum Süd-Pattaya wird abends sogar der *Strip,* die Hauptstraße des Barviertels, zur Fußgängerzone – in Thailand, wo niemand zu Fuß geht, wenn es sich irgendwie vermeiden lässt, eine geradezu sensationelle Neuerung. Das trübe Wasser in der Bucht von Pattaya, Ankerplatz für eine Armada von Motorbooten und Ausflugsschiffen, lädt nach wie vor nicht zum Baden ein. Aber der saubere, kilometerlange und noch nicht komplett zugebaute *Jomtien Beach* liegt ja nur zehn Taximinuten weiter südlich.

SEHENSWERTES

Die Liste der Ausflugsziele und touristischen Attraktionen in der Provinz Chonburi, zu der Pattaya gehört, ist fast endlos. Ob vorgelagerte Inselchen wie Ko Larn und Meeresaquarium, Tigerzoo oder eine Trainingsschule für Affen, ob botanische Gärten oder Folkloreshows – ein Urlaub reicht nicht aus, um alles zu sehen. Wer nicht auf eigene Faust losziehen will, kann preiswerte Touren über Hotel oder Reisebüro buchen.

Mini Siam

Großer Park mit den berühmtesten Bauwerken Thailands und der übrigen Welt im Miniaturformat. *Tgl. 7–22 Uhr, Eintritt inkl. Transport ca. 200 Baht*

Nong Nooch Tropical Garden

Orchideen, Zoo, Elefantenshow und Folkloredarbietungen. *Tgl. 9 bis 18 Uhr, Shows 10.15, 15 und 15.45 Uhr, Eintritt inkl. Transport ca. 350 Baht*

Ripley's Believe It Or Not

Was kaum zu glauben, aber wahr ist, wird plastisch dargestellt: vom

Pattaya, quirliges Touristenzentrum am Golf von Siam

MARCO POLO Highlights »Ostküste«

★ **Dinner auf Decksplanken**
Abendliche Kreuzfahrt auf der »Mayflower« in der Bucht von Pattaya (Seite 35)

★ **Wo die edlen Steine geschliffen werden**
Tagestouren zu den Saphirminen von Chantaburi (Seite 36)

★ **Wanderung auf Ko Chang**
Immer am Strand entlang vom White Sand Beach zum Kai Bae Beach (Seite 39)

★ **Wo abends die Palmen leuchten**
Stimmungsvolle Atmosphäre am White Sand Beach auf Ko Chang (Seite 39)

dreibeinigen Pferd bis zum größten Fresssack der Geschichte, dem römischen Kaiser Vitelius. Im Shoppingcenter Royal Garden Plaza (mitten in Pattaya). *Tgl. 10–24 Uhr, Eintritt 200 Baht*

The Million Years Stone Park & Crocodile Farm
Wunderschöner Park mit bizarren Gesteinsformationen. Dazu ein Zoo, Elefantendressur, Krokodilshow. *Tgl. 9–18 Uhr, Shows fast stündlich, Eintritt inkl. Transport ca. 350 Baht*

ESSEN & TRINKEN

Insider Tipp **Bruno's**
Elegantes Speiserestaurant, das ausgezeichnete mediterrane und thailändische Küche serviert. *Sri Nakorn Center, North Pattaya, Tel. 038 36 10 73, €€–€€€*

P. I. C. Kitchen
Eines der besten Thai-Restaurants. Schönes Ambiente in klassischen Teakhäusern. *Soi 5, Beach Rd., Tel. 038 42 83 87, €–€€*

Ruen Thai Restaurant
Freiluftlokal, das seine Gäste mit klassischen Thai-Tänzen unterhält. *Pattaya 2 Rd., South Pattaya, Tel. 038 42 59 11, €€*

The Mayflower
★ Dinner und Livemusik auf Decksplanken. Das Schiff kreuzt jeden Abend in der Bucht von Pattaya (auch Nachmittagstouren). *Reservierung Tel. 038 36 15 48, Komplettpreis 650 Baht*

Vientiane
Authentische Küche aus Thailand und Laos. Viele Einheimische essen hier. *Pattaya 2 Rd., South Pattaya, Tel. 038 41 12 98, €*

ÜBERNACHTEN

In den Boomjahren wurden Hotels wie am Fließband gebaut. Deshalb dürfen sich die Touristen heute über das beste Preis-Leistungs-Verhältnis aller thailändischen Urlaubsorte freuen. Schon bei Zimmerpreisen ab ca. 20 Euro sind TV, Minibar und Pool obligatorisch.

Royal Garden Resort
Bestes Haus im Zentrum, vom Hauptstrand durch die Beach Rd. getrennt. Riesiger Pool. *300 Zi., Beach Rd., Tel. 038 42 81 26, Fax 038 42 99 26,* €€€

Sea Lodge
Bungalowresort in schöner Gartenanlage, Pool. Zweckmäßige Zimmer, TV und Minibar. 600 m zum Wong Amat Beach. *78 Zi., Soi Chavarit Thamrong, Naklua Rd., Tel. 038 42 51 28, Fax 038 42 51 29,* €

Insider Tipp **Thai Garden Resort**
Renommiertes Haus, geführt vom Deutschen Michael Vogt. Es sind auch Apartments mit Küche vorhanden. Offener und überdachter Pool, Kinderspielplatz. Fünf Taximinuten zum kleinen, sauberen Wong Amat Beach, zehn Minuten nach Süd-Pattaya. *174 Zi., North Pattaya Rd., Tel. 038 37 06 14, Fax 038 42 61 98,* €€

Welcome Plaza Hotel
Große Zimmer mit TV und Minibar, großer Pool, zentrale Lage. *269 Zi., Pattaya 2 Rd., Tel. 038 42 47 65, Fax 038 42 47 67,* €

FREIZEIT & SPORT

Das Angebot ist riesig: Golf, Tauchen, Segeln, Fischen, Bowling, Tennis, Schießen, Reiten, Gokartfahren – so ziemlich alles wird geboten. Informationen erteilen die Hotels, die Tourveranstalter (an jeder Ecke) und das TAT-Büro.

AM ABEND

In Pattaya gibt es viele Pubs mit Livemusik, z. B. den bei ortsansässigen Ausländern beliebten *Green Bottle Pub* (Insider Tipp) *(beim Diana Inn Hotel, Pattaya 2 Rd.)* oder den *Moon River Pub (im Thai Garden Resort)*. Die größte Disko ist das *Palladium (Pattaya 2 Rd.)*.

Travestieshows
Die Transvestiten in ihren phantastischen Kostümen sind eine Augenweide und die Shows ein Erlebnis – sowohl im *Alcazar (Tel. 038 41 05 05)* als auch im *Tiffany's (Tel. 038 42 96 42). Beide liegen an der Pattaya 2 Rd., Eintritt 400 bis 600 Baht.*

AUSKUNFT

Tourism Authority of Thailand (TAT)
Tgl. 8.30–16.30 Uhr, Beach Rd., an der Soi 8, Tel. 038 42 76 67, Fax 038 42 91 13

ZIELE IN DER UMGEBUNG

Chantaburi **[119 E3]**
★ Die Tagestour in die 170 km südöstlich gelegene Provinzstadt bringt Sie zu Saphirminen, wo Sie auch Edelsteinschleifern zuschauen können. Unterwegs wird meist ein Zwischenstopp im Bergkloster *Wat Kao Sukim* und am Wasserfall im *Pliew-Nationalpark* eingelegt. *Inkl. Mittagessen ca. 1000 Baht*

Elefantendorf **[118 C3]**
Hier zeigen die gelehrigen Dickhäuter, welche Kunststückchen sie gelernt haben. Nach der Show kann man sich auf dem Rücken der grauen Riesen auch durchs Gelände schaukeln lassen. *Pattaya Elephant Village, Mu 2 Tambon Non Prue (ca. 30 Min. von Pattaya), Tel.*

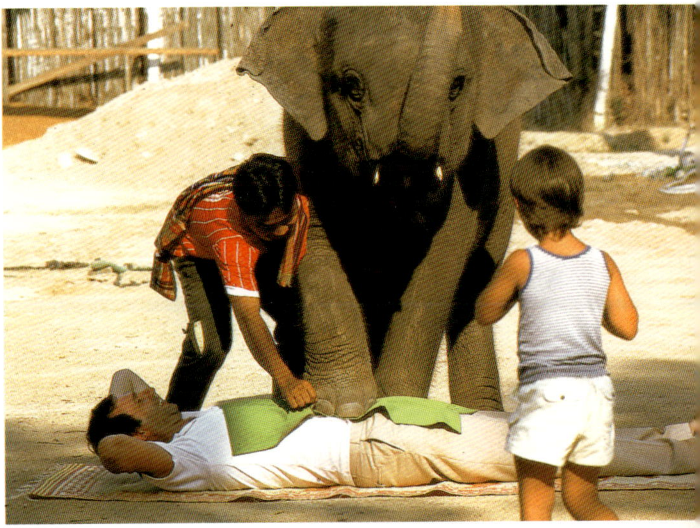

Kunststück mit Feingefühl im Pattaya Elephant Village

038 24 98 53, Show ca. 350 Baht, Elefantentrekking ca. 700 Baht pro Person

Ko Larn **[118 C3]**
Das nur 4 km^2 große Eiland liegt knapp 8 km von Pattaya entfernt und ist die beliebteste Ausflugsinsel. Hier finden Sie weiße Sandstrände und sauberes Wasser, aber auch ziemlich viel Rummel. Täglich legt in der Bucht von Pattaya eine Armada von Booten ab, um Tagesbesucher nach Ko Larn zu schippern. Die Tour bietet jedes Reisebüro an *(ca. 300 Baht inklusive Lunch)*.

Ko Samet **[119 D3]**
Viele Tagesausflügler und Wochenendbesucher aus Bangkok kommen auf diese Badeinsel in der Nachbarprovinz Rayong. Sie bietet schöne Sandstrände, aber wegen des großen Ansturms ist es mit der Idylle vorbei. Nur abends sind die Dauergäste (viele preiswerte Bungalowanlagen) wieder unter sich. *Touren ca. 400 Baht, Fährverbindung ab Fischerdorf Ban Phe 40 Baht*

KO CHANG

[119 E4] Eine bergige Dschungelinsel mit bis zu 744 m hohen Gipfeln, ein paar Fischerdörfern und palmenbestandenen Stränden – das ist Ko Chang. Noch Anfang der Neunzigerjahre war Ko Chang ein echter Geheimtipp unter Rucksacktouristen, die in ein paar Bambushütten übernachteten. Es gab keine Straße und keinen Strom. Inzwischen wurde eine teilweise asphaltierte Piste entlang der Strände durch den Dschungel geschlagen, und ein Unterseekabel liefert rund um die Uhr Strom vom nahen Festland. Zumeist sehr schlichte Bungalowresorts sind aus dem Boden geschossen wie Pilze nach einem warmen Regen. Aber noch immer überragt kein Bauwerk die Palmen: Hier können Sie die Seele baumeln lassen. Am besten erschlossen ist der schönste Strand, der Hat Sai Khao (White Sand Beach). Am Klong Phrao Beach und am Kai Bae Beach ist das Wasser sehr flach, zum Schwimmen muss man weit hinauswaten.

Von Pattaya aus reisen Sie am einfachsten mit einem klimatisierten Minibus an (ca. 400 Baht). Vom Eastern Bus Terminal in Bangkok fahren stündlich Busse in die Provinzhauptstadt Trat (315 km, Fahrtdauer vier Stunden). Von dort geht es weiter mit dem *songthaeo* (öffentlicher Minibus) in 30 Minuten zum Pier im Hafenstädtchen Laem Ngob. Fährboote (ca. 50 Baht) legen um die Mittagszeit bzw. am frühen Nachmittag ab.

SEHENSWERTES

Naturfreunde dürfen jubeln: Auf der ganzen Insel gibt es noch keine von Menschen geschaffenen Attraktionen. Dafür locken Bootstouren zu anderen Inseln: Ko Chang umfasst einen Meeres-Nationalpark mit insgesamt 51 Eilanden. Mehrere Wasserfälle im Dschungel erfrischen müde Wanderer. Am schönsten ist der dreistufige *Tan Mayom* nahe dem Hauptquartier der Parkverwaltung an der Ostküste – dort gibt es aber keine attraktiven Strände. Über drei Kaskaden ergießt sich auch der Wasserfall von *Klong Plu* im Hinterland vom Klong Phrao

Die Herren Damen

Transvestiten gehören im toleranten Thailand ganz selbstverständlich dazu

Frauen, die mal Männer waren – oder es unter ihren Frauenkleidern noch sind –, werden Sie in Thailand öfters sehen. Besonders hübsche *Katoy* oder *Ladymen* treten in prachtvoll inszenierten Travestieshows in Bangkok, Pattaya und Phuket auf. Und viele Zuschauer können es kaum glauben, dass diese verführerischen Wesen auf der Bühne gar keine richtigen Damen sind. Auch mancher Nachtschwärmer hat schon die Erfahrung gemacht, dass eine stattliche Oberweite noch keine Garantie für eine hundertprozentige Frau ist. Denn nicht jeder Katoy sagt dem Freier, was Sache ist – schon gar nicht, wenn dieser so viel Mekhong-Whisky intus hat, dass er auch eine Litfasssäule sexy findet. Viele Transvestiten prostituieren sich, viele gehen aber auch ganz normalen Berufen nach – was in Thailand ohne Spießrutenlaufen möglich ist. Zwar amüsieren sich die Thais gern über die Ladymen, aber der Spaß ist nie bösartig oder verletzend gemeint. Und die Katoy ihrerseits verstecken sich nicht, sondern haben oft noch Gefallen daran, sich in Szene zu setzen.

Beach. Hierher sollten Sie einen Abstecher machen, wenn Sie vom *White Sand Beach* zu einer mehrstündigen einsamen ★ Strandwanderung aufbrechen, anfangs auf der Pistenstraße, bis hinunter zum *Kai Bae Beach.*

ESSEN & TRINKEN

Alle Resorts bieten auch einfache Gerichte an. Erwähnenswert ist die Insider Tipp Thai-Küche im Resort *Alina's* am White Sand Beach, wo Chefin Ek alles im Griff hat. An diesem Strand werden abends auch Matten ausgerollt, Tische und Stühle aufgestellt, und Sie können sich frisch gegrillten Fisch schmecken lassen. Für die beste deutsche und schweizerische Küche auf der Insel sorgt James Brunner im Resort *Pla Loma.*

ÜBERNACHTEN

Banphu Ko Chang Hotel
Fast wie ein Südseetraum: palmstrohgedeckte, komfortable Bungalows mit Aircondition, TV, Minibar am White Sand Beach und kleinem Pool. *7 Zi., Tel. 039 51 24 00, Fax 039 54 23 59,* **€€€**

Klong Phrao Resort
Bungalows mit Aircondition, Ventilator und TV in einer weitläufigen Anlage direkt am Strand und entlang einer Lagune. *72 Zi., Tel. 012 19 38 99,* **€–€€**

Insider Tipp **Pla Loma Cliff Resort**
Am felsigen Südende des White Sand Beach, zum Sandstrand zwei Minuten. Zimmer mit Aircondition, TV, Minibar oder Ventilator in schöner Gartenanlage. Prächtige Aussicht von den Häusern hoch auf den Klippen. Auch Bambusbungalows werden angeboten. *60 Zi., Tel. 012 19 38 80,* **€–€€**

Sea View Resort
Das schönste Resort am schmalen Kai Bae Beach. Hier finden Sie Bungalows mit Aircondition oder Ventilator in Hanglage. *46 Zi., Tel./Fax 012 18 50 55,* **€–€€**

White Sand Beach Resort
Einfache bis sehr schlichte Bungalows im Palmenhain, am Nordende des Strandes gelegen. Die letzten paar Hundert Meter müssen Sie zu Fuß zurücklegen. *37 Zi., Tel. 012 18 75 26,* **€**

FREIZEIT & SPORT

Am White Sand Beach kann man Kanus und Surfbretter mieten. Schnorcheltrips zu vorgelagerten Inseln bietet der Engländer Graham von *Island Hopper Tour (Tel. 012 19 33 69)* ebenfalls am White Sand Beach an.

AM ABEND

★ Ein paar witzige Strandbars am White Sand Beach machen dann zu, wenn der letzte Gast geht. Tausende von Glühbirnchen, in langen Ketten um Büsche und Palmen geschlungen, sorgen für stimmungsvolle Atmosphäre. An der *Fire Bar* zeigen Fackeljongleure ihr Können.

AUSKUNFT

Tourism Authority of Thailand (TAT)
Büro links vor dem Pier in Laem Ngob. *Tel./Fax 039 59 72 55*

Alte Königsstädte und die Brücke am Kwai

Von der Wiege Siams in das wilde Grenzland beim Drei-Pagoden-Pass

Das Wasser des Chao Phraya und seiner Nebenflüsse macht die Ebene nördlich von Bangkok zur wichtigsten Reiskammer des Landes. Bis zum Horizont ziehen sich die Felder, in denen saftig grün der junge Reis sprießt. Sicher nicht von ungefähr stand hier, wo die Menschen eine ergiebige Lebensgrundlage fanden, die Wiege des Königreichs Siam. In Sukhothai, wo geografisch allerdings schon der Norden beginnt, schlug 1238 mit der Gründung der ersten Hauptstadt die Geburtsstunde der Nation. Wenn Sie im Historischen Park an einem taufeuchten Morgen sehen, wie die aufgehende Sonne Buddhastatuen und Säulen, Chedis und Prangs mit zartem Glanz überzieht, können Sie erahnen, warum Sukhothai die »Morgendämmerung des Glücks« genannt wurde. Aber dieses Glück war nicht von Dauer, das alte Sukhothai ist heute nur noch ein weitläufiges Ruinenfeld, steinernes und stummes Zeugnis einer großen Vergangenheit.

Wat Mahatat in Sukhothai: Buddha blickt nach Osten

Die Chedis am Drei-Pagoden-Pass

Auch Ayutthaya, die zweite Königsstadt, musste die Wahrheit der Lehre Buddhas erfahren: »Nichts ist von Bestand auf dieser Erde.« Doch während Sukhothai von seinen Bewohnern verlassen wurde und zerfiel, wurde Ayutthaya von den Burmesen zerstört. Aber die Eindringlinge konnten die eroberte Stadt nicht einfach einebnen. Egal, wie vielen Buddhastatuen sie die Köpfe abschlugen – die Tempelanlagen waren zu gewaltig, um sie dem Erdboden gleichzumachen. Und Ayutthaya wurde auch nicht, wie Sukhothai, zur Geisterstadt und später in der Nähe neu gegründet, sondern hier regte sich bald wieder Leben in den Ruinen – heute liegt das historische Ayutthaya mitten im Herzen einer geschäftigen Provinzstadt.

Westlich von Bangkok, in der Provinz Kanchanaburi, erwartet Sie eine völlig andere Szenerie: Nach einer Fahrt vorbei an Zuckerrohrplantagen, Tapiokafeldern und Ödland erheben sich vor Ihnen dschungelbedeckte Hügelketten und Berge. Nahe der Grenze zu Myanmar ist das Land rau und wild und nur noch spärlich besiedelt. Dennoch können Sie auch hier ein Kapitel Geschichte aufschlagen, wenn auch eines aus jüngerer Vergangenheit: Die weltberühmte Brücke am Kwai und die »Todeseisenbahn« erinnern an den Zweiten Weltkrieg.

Tief verwurzelt: Buddhakopf im Wat Mahatat

AYUTTHAYA

[115 D5] ★ Die Flüsse Chao Phraya, Pasak und Lopburi umfließen das historische Zentrum der 40 000-Einwohner-Stadt und machen es zu einer Insel von etwa 3 km Länge und 1,5 km Breite. Sie ist gespickt mit Ruinen von Tempeln und Palästen, deren Säulen und Türme wie mahnende Zeigefinger aufragen und noch immer die Skyline bestimmen.

Nur 76 km nördlich von Bangkok gelegen, wird Ayutthaya hauptsächlich von Tagesausflüglern besucht. Die Verbindungen ab Bangkok mit dem Bus (halbstündlich, Nördlicher Busbahnhof, Pahonyothin Rd.), der Bahn (stündlich) und komfortablen Ausflugsbooten wie der *Oriental Queen* oder der *Ayutthaya Princess* sind sehr gut. Organisierte Bustouren kosten ca. 900 Baht. Bei kombinierten Bus-/Schiffstouren (ca. 1900 Baht) wird eine Strecke mit dem Bus, eine mit dem Schiff zurückgelegt. Nehmen Sie das Schiff für den Rückweg und genießen Sie die Ankunft in Bangkok im milden Licht der Abendsonne. Aber vergessen Sie nicht, dass solche Tagestouren unter ziemlich hohem Zeitdruck ablaufen. Selbst wenn man sich auf die wichtigsten Sehenswürdigkeiten beschränkt, reichen dafür ein paar Stunden kaum aus. Die herausragenden Baudenkmale, von der Unesco als Weltkulturerbe eingestuft, sind Geschichtsinteressierten eine Übernachtung wert.

SEHENSWERTES

Ancient Palace

Am Rand der nordwestlichen Stadtmauer residierten die Könige. Wie in Bangkoks *Grand Palace* erhebt sich auf dem Palastgelände ebenfalls ein Königlicher Tempel (*Wat Phra Si Sanphet),* dessen drei res-

Hauptstadt. Aus beiden Epochen sind Ruinen von Tempel- und Palastanlagen im alten Stadtkern erhalten geblieben. Teilweise sind sie von Affen bevölkert, die von den Besuchern gefüttert werden. Augenfälliges Wahrzeichen der 40 000-Einwohner-Stadt sind drei mächtige Prangs (Türme), Symbole für die hinduistische Dreifaltigkeit Brahma (Schöpfer), Vishnu (Bewahrer) und Shiva (Zerstörer). Lopburi ist von Ayutthaya oder Bangkok aus leicht mit Bus und Zug erreichbar.

KANCHANABURI

[114 C5] Die *Brücke am Kwai* ist das international wohl bekannteste Bauwerk in ganz Thailand. Freilich hat die Eisen- und Betonkonstruktion, über die Sie auch spazieren können und vor der Tagestouristen aus Bangkok oft etwas enttäuscht stehen, nichts mit der Holz- und Bambusbrücke des Filmklassikers zu tun – außerdem wurde der Welterfolg nicht am Kwai, sondern auf Sri Lanka gedreht. Aber wer nicht nur für eine Stippvisite herkommt, entdeckt bald, dass diese Grenzprovinz mit ihren vielen Höhlen und Wasserfällen im Dschungel genug Abenteuerliches zu bieten hat. In die beschauliche Provinzhauptstadt (40 000 Ew.) fahren von Bangkoks Southern Bus Terminal Busse den ganzen Tag über (130 km, Fahrzeit ca. 2 Std.). Eine Stunde länger ist der Zug ab Bangkok Noi Railway Station (in Thonburi) unterwegs. Reguläre Abfahrtzeiten: 7.50 und 13.45 Uhr, Fahrplanänderungen erfahren Sie unter *Tel. 022 23 00 10 oder 022 23 70 10.* Der Zug hält vor der Weiterfahrt zur Endstation Nam Tok auch kurz an der Brücke (Zusteigemöglichkeit für die restlichen 70 km). ★ Erst ab hier beginnt der spektakuläre Teil der Strecke: Hoch über dem Tal des Kwai geht es haarscharf vorbei an schroffen Felswänden und im Schritttempo über ein ächzendes Balkenviadukt bei der Ortschaft Wang Po.

Wasserfall am River Kwai in der Provinz Kanchanaburi

Der letzte Haltepunkt, Nam Tok, ist nur ein verschlafenes Nest. Wenn Sie nicht mit dem Zug zurückfahren wollen, können Sie den Bus nehmen oder weiter hinauf über den Sai-Yok-Nationalpark nach Sangklaburi nahe der Grenze fahren. Da diese Gegend immer noch touristisches Neuland ist, erkundigen Sie sich vorher im TAT-Büro in Kanchanaburi nach Details.

SEHENSWERTES

Kriegsfriedhöfe

Auf dem *Kanchanaburi War Cemetery* zwischen der Stadt und der 6 km entfernten Brücke sind 6982 alliierte Kriegsgefangene bestattet. Am Ufer des Kwai, 2 km südlich der Provinzhauptstadt, liegen weitere 1750 Gräber auf dem *Chung Kai War Cemetery.* Boote dorthin können Sie direkt an der Brücke chartern. Bei der Tour ist auch ein Zwischenstopp am Kloster *Tham Khao Poon* und den dortigen Tropfsteinhöhlen möglich.

MUSEEN

Jeath War Museum

Beim *Wat Chaichumphon* in der Stadt haben Mönche dieses kleine Museum in einem Nachbau der einstigen Gefangenenunterkünfte eingerichtet. Es werden alte Fotos, von Gefangenen gemalte Bilder, verrostete Waffen und Werkzeuge präsentiert. *Tgl. 8.30–18 Uhr, Eintritt 20 Baht, Pak Phreak Rd.*

World War II Museum

Neuer und viel größer ist dieses Museum kurz vor der Brücke. Das wilde Sammelsurium von Exponaten reicht von plastisch-drastischen Darstellungen des Bahnbaus über eine Bildergalerie ehemaliger Thai-Schönheitsköniginnen bis zu prähistorischen Ausgrabungsfunden. *Tgl. 9–18 Uhr, Eintritt 30 Baht*

ESSEN & TRINKEN

Floating Restaurant

Hier gibt es gute Thai-Küche und eine stimmungsvolle Atmosphäre auf einem Floß oberhalb der Brücke. *Tel. 034 51 28 42, €*

Punee Bar & Café

An einer Seitenstraße gegenüber dem River Kwai Hotel in der Stadt. Außer den einfachen Gerichten (thailändisch und westlich) gibt es hier auch Infos und Fahrräder von Besitzer Danny Simpson. *Ban Nuer Rd, Tel. 034 51 35 03, €*

ÜBERNACHTEN

An Wochenenden sollten Sie Zimmer möglichst vorbuchen. Viele Resorthotels und Floßunterkünfte sind auf Pauschaltouristen eingestellt. Arrangements bietet jedes Reisebüro in Bangkok an.

Bamboo House

Insi Tip

Die 300 m unterhalb der Brücke vertäuten Hausflöße sind spartanisch eingerichtet. Außerdem gibt es Zimmer mit Ventilator oder Aircondition. Schöner Garten, schöne Lage. *12 Zi., Soi Vietnam, Tel. 034 62 44 70, 034 51 25 32, €*

Felix River Kwai Resort

In diesem Resort erwartet Sie Luxus direkt am Fluss. 100 m oberhalb der Brücke. *255 Zi., Tambun Tha Makham, Tel. 034 51 50 61, Fax 034 51 50 95, €€€*

River Kwai Hotel
Gute Mittelklasse im Stadtzentrum, unter der Woche mit Rabatt preiswerte Zimmer. *161 Zi., 248 Saeng Chuto Rd., Tel. 034 51 11 84, Fax 034 51 12 69,* €€

AUSKUNFT

R. S. P. Jumbo Travel Center
Dieses Reisebüro kann auch ausgefallene Touren wie Dschungeltrekking organisieren und kennt die Wege zu den schönsten Höhlen und Wasserfällen. Außerdem vermittelt es Mietwagen für Trips zum Drei-Pagoden-Pass. Miss Chatupornpaisan (»Jumbo«) berät kompetent auf Englisch. *271/3 Saeng Chuto Rd., Tel. 034 51 22 80*

Tourism Authority of Thailand (TAT)
Informationen über die ganze Provinz. *Tgl. 8.30–16.30 Uhr, Saeng Chuto Rd., Tel./Fax 034 51 12 00*

ZIEL IN DER UMGEBUNG

Sangklaburi **[114 A4]**
★ Der letzte Ort (10 000 Ew.) vor der Grenze zu Myanmar liegt am Stausee *Khao Laem* aus dem noch die Tempelspitze des gefluteten alten Sangklaburi ragt. Wohnen können Sie beim Österreicher Armin Hermann und seiner Frau Meo im *Burmese Inn (Tambun Nong Lu, Tel./Fax 034 59 51 46,* €*)* in einfachen Bungalows mit oder ohne eigene Dusche. Armin hat ein Boot und organisiert Touren.

Sehenswert ist die einzigartige Tempelanlage *Wang Wiwekaram,* Insider Tipp die indischen, burmesischen und thailändischen Baustil kombiniert. Die längste Holzbrücke des Landes überspannt einen 200 m breiten Ausläufer des Sees hinüber zum Mon-Dorf *Waeng Khan.* Auf der thailändischen Seite des berühmten, 30 km entfernten *Three Pagoda Pass* direkt an der Grenze ste-

Mon-Dorf am Stausee Khao Laem in Sangklaburi

hen drei verwitterte Chedis in kargem Bergland. Auf der anderen Seite der Grenze, in Myanmar, kämpfen immer wieder Rebellen gegen Regierungstruppen. Wenn die Lage ruhig ist, dürfen Touristen die Grenze passieren (Gebühr 150 Baht), den Marktflecken *Payathonzu* aber nicht verlassen.

SUKHOTHAI

[114 C1] Das alte Sukhothai ist ein historischer Park mit fast 200 Ruinen, die sich über eine Fläche von 70 km² verteilen. Das Zentrum der ersten Thai-Hauptstadt mit 35 mehr oder weniger gut erhaltenen Monumenten misst immerhin 6 km². Der Park liegt 12 km von Neu-Sukhothai (25 000 Ew.) entfernt. Die angenehme Provinzhauptstadt, 427 km nördlich von Bangkok, wird mehrmals täglich mit Bussen vom Northern Bus Terminal aus angefahren. Die nächste Bahnstation ist Phitsanulok **[115 D1]**, von dort sind es noch 50 km nach Sukhothai. Bangkok Airways legt auf dem Flug von Bangkok nach Chiang Mai einen Zwischenstopp in der alten Residenzstadt ein.

Auch wenn Sukhothai neben Ayutthaya die bedeutendste historische Stätte des Landes ist, so sind die ohnehin nicht sehr zahlreichen Touristen manchmal doch enttäuscht. Die Ruinen hier sind nicht von der monumentalen Wucht wie die Ayutthayas – und schon gar nicht mit dem kolossalen Angkor Wat in Kambodscha zu vergleichen. Auch wenn die Sukhothai-Könige Stilelemente der Khmer-Architektur übernommen haben, so wollten sie doch von dem sich selbst erhöhenden Gottkönigtum der alten Herrscher nichts wissen. Die Bauten, die sie errichteten, waren eher von einer dem Buddhismus gemäßen Schlichtheit und filigraner Leichtigkeit.

SEHENSWERTES

Historischer Park

★ Das bedeutendste und größte Bauwerk ist *Wat Mahatat* mit einem dominierenden Chedi auf einem Reliefsockel, Säulenreihen und vielen Buddhastatuen, die teilweise restauriert wurden. Ganz in der Nähe befinden sich die drei Prangs des *Wat Si Sawai*. Am Rand des früher ummauerten Stadtkerns erhebt sich auf einer Insel in einem künstlichen Teich der Chedi des *Wat Phra Phai Luang*. Die mit 11 m höchste Buddhastatue sitzt hinter den hohen Mauern und hölzernen Flügeltoren von *Wat Si Chum* gleich nebenan. Die anderen Tempel im Zentrum des Parks können Sie gut zu Fuß erkunden. Zu den Ruinen weiter außerhalb gelangen Sie mit dem Fahrrad (Verleih an der Zufahrtstraße) oder einer gecharterten Motorradrikscha. *Eintritt 20 Baht während der offiziellen Öffnungszeit (6–18 Uhr), ansonsten frei. Vor größeren Tempeln außerhalb des Zentrums müssen Sie erneut Eintritt (10–20 Baht) zahlen.*

MUSEUM

Ramkhamhaeng-Nationalmuseum

Das Museum zeigt viele Buddhafiguren und andere Exponate aus der Sukhothai-Periode. Die wertvollsten Stücke sind nur als Repliken ausgestellt, die Originale stehen im Nationalmuseum in Bangkok. *Mi–So 9–16 Uhr, Eintritt 10 Baht, am Parkeingang*

ESSEN & TRINKEN

Einige Essstände finden Sie am Parkeingang. Die beste Küche in der Nähe bietet das *Thai Village Hotel (€)*. Viele schmackhafte Gerichte gibt es auf dem *Nachtmarkt in der Ramkhamkhaeng Rd.* in Neu-Sukhothai. Das offene Lokal *J. R. (€)* in der Markthalle an dieser Straße kann sogar mit einer Speisekarte in deutscher Sprache aufwarten.

Dream Café
Vollgestopft mit Antikem und Kuriositäten, sieht dieses Lokal in Neu-Sukhothai fast wie ein Museum aus. Die Thai-Küche ist gut, auch das *Chinese Fondue* schmeckt, aber die Seite mit den westlichen Gerichten sollten Sie rasch überblättern. *Singhawat Rd., nahe dem Sawatipong Hotel, Tel. 05 56 12 08, €*

ÜBERNACHTEN

Insider Tipp **Lotus Village**
Der Franzose Michel, ehemals Kulturattaché an der Botschaft in Bangkok, und seine thailändische Frau Tan betreiben dieses beliebte Holzhäuser-Resort am Rand des kleinen Stadtzentrums von Neu-Sukhothai. Es werden schlichte bis spartanische Zimmer geboten (nur eines mit Airconditon), aber dafür bekommen Sie schon ab 3 Euro eine Schlafstatt. Michel verleiht Fahrräder und vermittelt Touren (z. B. nach Si Satchanalai). *25 Zi., 170 Ratchanee Rd., Tel. 055 62 14 84, Fax 055 62 14 63, €*

River View
Das beste Haus im Zentrum der Stadt am Yom River, nahe dem Nachtmarkt. Einfach, aber mit Aircondition und TV. *47 Zi., Nikon Kasem Rd., Tel. 055 61 16 56, Fax 055 61 33 73, €*

Thai Village Hotel
Bei Tourgruppen beliebtes Haus. Schöne Gartenanlage, komfortable Zimmer (Aircondition oder Ventilator) in Holzbauten, Freiluftrestaurant mit Blick auf einen Teich. *100 Zi., 214 Jarodvithitong Rd. (1 km vor dem Park), Tel. 055 61 10 49, Fax 055 61 25 83, €*

ZIEL IN DER UMGEBUNG

Si Satchanalai **[111 D5]**
55 km nördlich von Neu-Sukhothai liegt ein weiterer historischer Park mit Tempelruinen aus der Sukhothai-Periode. Ein Wagen mit Fahrer für die Tour kostet ca. 800 Baht. Auf dem Weg dorthin, im Dorf *Sawankhalok*, liegt das *Sawan-Khawaranayok-Nationalmuseum* (*Mi–So 9–16 Uhr, Eintritt 10 Baht*) mit Buddhastatuen und Sawankhalok-Keramik aus der Sukhothai-Zeit. Auch das alte Si Satchanalai, zeitweise Königsresidenz, war von einer Stadtmauer umgeben. Vom *Wat Khao Phanom Phloeng* auf einem Hügel haben Sie eine schöne Fernsicht und einen Blick auf Chedis, die aus dem Waldgebiet aufragen. 4 km nördlich von Si Satchanalai befindet sich das *Center for Study and Preservation of Sawankhalok Kiln (tgl. 9–16 Uhr, Eintritt 30 Baht)* beim Dorf *Ban Ko Noi*. Das kleine Keramikmuseum wurde über restaurierten, alten Brennöfen errichtet.

Abenteuer und Kultur

Die Tempelstadt Chiang Mai und das Land der Bergvölker

Jenseits der Strände ist der Norden das beliebteste Reiseziel im Königreich, auch für die Thais. Sie finden hier oben in den Bergen mit bis zu 2565 m hohen Gipfeln willkommene Abkühlung – allerdings nur in den Wintermonaten, denn im Sommer können die Temperaturen in den Tälern und Städten bis auf 40 Grad klettern. Ausländische Touristen fasziniert besonders die ethnologische Vielfalt in dieser Region. Sie wandern auf schmalen Pfaden zu abgelegenen Dörfern, in denen aus Südchina eingewanderte Bergvölker noch heute oft nach alter Väter Sitte leben. Freilich hat die neue Zeit inzwischen auch das entlegenste Bergdorf erreicht. Die Regierung hat in den letzten Jahrzehnten viele Straßen gebaut und Dörfer ans Stromnetz angeschlossen. Die Metropole des Nordens, Chiang Mai, war noch in den Siebzigerjahren des 20. Jhs. eine eher verschlafene Provinzstadt. Doch entlang der dünn besiedelten Grenze zu Myanmar im wilden Westen des hohen Nordens blüht der Rauschgiftschmuggel wie eh und je.

Buddha ist in Chiang Mai mit seinen über 300 Tempeln allgegenwärtig

CHIANG MAI

[110 C3] Die größte Stadt der Region (170 000 Ew.) liegt im weiten, fruchtbaren Tal des Ping-Flusses. Im Jahr 1296 gegründet, war sie die Hauptstadt des unabhängigen Königreichs Lanna (1296–1558). Die touristische Infrastruktur ist exzellent und macht Chiang Mai zum wichtigsten Ausgangspunkt für eine Erkundung des Nordens. Die Verbindungen ins 700 km entfernte Bangkok per Flugzeug, Zug und Bus sind ausgezeichnet.

SEHENSWERTES

Altstadt

★ Hinter dem Wassergraben und der weitgehend erhaltenen Ziegelsteinmauer hat die Altstadt viel von ihrem Charme bewahrt. Bei einem Spaziergang kommen Sie alle paar Minuten an anmutigen Tempeln vorbei. Der einst 86 m hohe Chedi des *Wat Chedi Luang (Phrappoklao Rd.)* wurde zwar bei einem Erdbeben 1545 teilweise zerstört, wirkt aber heute mit seinen restaurierten 42 m immer noch erhaben und eindrucksvoll. Wegen seiner exquisiten Schnitzereien, Wandgemälde und Elefantenskulpturen am Fuß des Chedis ist auch das *Wat Chiang Man (Ratchapakinat Rd.)*, gebaut im Gründungsjahr der Stadt, absolut sehenswert. Von ganz besonderer Anmut zeigt sich *Wat Phra Sing (Sam Lan/Sigharat Rd.)* mit seinem Insider Tipp einzigartigen Bibliotheksgebäude, das ein Meisterwerk der Holzbaukunst ist.

Wat Jed Jod
Im Stil des indischen Mahabodi-Tempels von Bodhgaya, wo Buddha seine Erleuchtung erlangte, wurde dieser Tempel mit seinen sieben Chedis gebaut. *Am Superhighway, nahe dem Nationalmuseum*

MUSEEN

Bergvölker-Museum
Das *Tribal Museum* informiert mit Liebe zum Detail über Geschichte, Kultur und Lebensweise der verschiedenen Bergvölker. 1998 zog das Museum des *Tribal Research Institute* vom Universitätsgelände in einen dreistöckigen, pagodenähnlichen Bau auf einer Halbinsel im Ratchamangkla-Park um. *Tgl. 9 bis 16 Uhr, Eintritt 20 Baht, Chotana Rd., 5 km nordwestlich der Altstadt*

Nationalmuseum
In der Ausstellung werden viele Buddhastatuen, Kunsthandwerk und Gebrauchsgegenstände gezeigt. *Mi–So 9–16 Uhr, Eintritt 10 Baht, Superhighway, 3 km nordwestlich der Altstadt*

ESSEN & TRINKEN

Es befinden sich viele Essstände im *Galare Food Center* (abends Folkloretänze) gegenüber dem Nachtmarkt und auf dem von Touristen weniger besuchten *Anusarn-Markt* 300 m weiter südlich.

Antique House
Gute Thai-Küche in einem wunderschönen Holzhaus voller Antiquitäten. *Charoen Prathet Rd., Tel. 053 27 68 10, €*

Ban Suan Sri Chiang Mai Insider Tipp
Stilvolle, aus Holz gebaute Restaurantanlage mit exzellenter Thai-Küche. Hinter Wat Buak Krok auf dem Weg zum Schirmmacherdorf Bor Sang, ca. 1,5 km nach der Kreuzung mit dem Superhighway an einer Seitenstraße der Sankampaeng Rd. (rechts ab, achten Sie auf das kleine Schild an der rechten Straßenseite). *Tel. 053 26 25 68, €*

The Gallery
Kunstgalerie und Restaurant zugleich. Von der Terrasse haben Sie einen Blick auf den Ping-Fluss. *Charoenrat Rd., Tel. 053 24 86 01, €*

Papierschirme werden in Bor Sang kunstvoll von Hand bemalt

MARCO POLO Highlights »Norden«

★ **Stadt der Tempel**
Meisterwerke der Tempelbaukunst hinter den Mauern der Altstadt von Chiang Mai (Seite 51)

★ **Trekking in den Bergen**
Zu Fuß durch die Wälder in die Dörfer der Bergvölker (Seite 54)

★ **Doi Inthanon**
Spaziergang durch den Nebelwald auf Thailands höchstem Berg (Seite 54)

★ **Floßfahrt auf dem Kok**
Mit dem Bambusfloß von Thaton nach Chiang Rai (Seite 56)

★ **Mae Hong Son**
Die Provinzhauptstadt in »Thailands Sibirien« ist idealer Ausgangspunkt für Abenteuertouren (Seite 57)

★ **Markt in Tachilek**
Über die Brücke der Grenzstadt Mae Sai zum Einkaufen nach Myanmar (Seite 59)

Insider Tipp
The Riverside
Abends gibt es Livemusik von zwei Bands in diesem Terrassenlokal am Ping. Sie können sich Ihr Menü auch auf dem Ausflugsboot des Riverside servieren lassen. Es legt für die einstündige Flussfahrt tgl. um 20 Uhr ab. Das Restaurant öffnet tgl. von 10 bis 1 Uhr. *Charoenrat Rd., Tel. 053 24 32 39, €*

EINKAUFEN

Kunsthandwerk sowie Handarbeiten der Bergvölker können Sie in Hülle und Fülle erwerben, besonders im *Nachtmarkt (Night Bazaar) an der Chang Klan Rd.* Viele Geschäfte finden Sie auch an der *Tapae Rd.* Im östlich gelegenen Dorf *Bor Sang* werden Papierschirme bunt bemalt. Die *Sankampaeng Rd.* dorthin ist links und rechts gesäumt von vielen Betrieben, die Schnitzereien, Schmuck, Seide und Souvenirs jeglicher Art anbieten.

ÜBERNACHTEN

Am Bahnhof und Busbahnhof postieren viele Gästehäuser ihre Schlepper – aber treffen Sie Ihre Wahl besser selbst.

Diamond Riverside
Insider Tipp
Komfortable Zimmer und Pool, nahe dem Nachtmarkt direkt am Fluss gelegen. Exzellenter Gegenwert fürs Geld. *312 Zi., Charoenprathet Rd., Tel. 053 27 00 80, Fax 053 27 14 82, €*

Gap's House
Insider Tipp
Chef Preecha Thition führt ein Gästehaus zum Wohlfühlen im Herzen der Altstadt. Zimmer mit Aircondition in alten Teakhäusern. *16 Zi., Soi 4, Ratchadmanoen Rd., Tel. 053 27 81 40, €*

River Ping Palace
Das einstige *Once upon a time* hat den Namen gewechselt, ist aber im-

mer noch etwas für Romantiker. Altes Holzhaus, fast antikes Mobiliar. Ca. 3 km südlich vom Nachtmarkt am Ping. *10 Zi., 385 Charoen Prathet Rd., Tel. 053 27 49 32, Fax 053 27 16 47,* **€–€€**

River View Lodge
Angenehme Atmosphäre, nette Zimmer mit Aircondition, Minibar, TV auf Wunsch. Kleiner Pool, Garten am Fluss. *36 Zi., Soi 2, Charoenprathet Rd., Tel. 053 27 11 09, Fax 053 27 90 19,* **€€**

Royal Princess
Topadresse, in zentraler Lage am Nachtmarkt. *200 Zi., Changklan Rd., Tel. 053 28 10 33, Fax 053 28 10 44, www.royalprincess.com,* **€€–€€€**

TREKKING

★ Chiang Mai ist der Ausgangspunkt der meisten Trekkingtouren. Aber da die Stadt nicht mitten in den Bergen liegt, ist vor dem Wandern eine meist mehrstündige Anfahrt zu absolvieren. Alternativ können Sie ihre Trekkingtour auch näher vor Ort buchen, z. B. in *Mae Hong Son, Mae Sai, Thaton* oder *Chiang Rai.* Als Faustregel gilt: Eine der üblichen Touren ab Chiang Mai mit nur zwei Übernachtungen führt Sie garantiert nicht in ein »unerschlossenes« Gebiet, sondern dorthin, wo fast alle anderen Touristen auch herumlaufen.

AM ABEND

Kleines Barzentrum an der oberen *Loi Kro Rd.* nahe der Altstadt. Bei dem überall angebotenen *Khantoke Dinner* (*ca. 200 Baht*) mit Volkstänzen sitzen die Gäste auf dem Boden. Kein kulinarisches Highlight, ziemlich touristisch, aber in der Gruppe macht es trotzdem Spaß. Diskos finden Sie in den großen Hotels *Chiang Inn, Royal Princess, Porn Ping Tower, Westin.*

AUSKUNFT

Tourism Authority of Thailand (TAT)
Hier erhalten Sie eine Liste der registrierten Trekking-Agenturen. *Tgl. 8.30–16.30 Uhr, Chiang Mai-Lamphun Rd. (südlich Nawarat-Brücke), Tel. 053 24 86 04, Fax 053 24 86 05*

Internet
www.northernthailand.com
www.chiangmai-online.com

ZIELE IN DER UMGEBUNG

Agenturen bieten viele Ausflugsziele als Tagestrips an. Ein gecharterter Wagen mit Fahrer kostet pro Tag ca. 1300–1500 Baht.

Doi Inthanon [110 B3–4]
★ Eine Straße führt bis zum Gipfel von Thailands höchstem Berg (2565 m). Im gleichnamigen Nationalpark sind Abstecher zu Wasserfällen und in ein Dorf der Bergbewohner möglich. Oben gibt es einen Tempel, eine Radarstation und einen kleinen Rundwanderweg durch den Nebelwald. Vergessen Sie nicht, Jacke oder Pullover mitzunehmen! *Tour ca. 900 Baht, 90 km südwestlich von Chiang Mai*

Lamphun [110 C4]
Heute ist Lamphun eine beschauliche Kleinstadt, bis 1281 war es die

Hauptstadt des eigenständigen Königreiches Haripunchai. Die Hauptsehenswürdigkeit ist das *Wat Phra That Haripunchai* mit seinem 50 m hohen, vergoldeten Chedi. *26 km südlich von Chiang Mai, regelmäßig Busse*

Mae Sa Valley **[110 C3]**
Orchideengärten und Höhlen, Schlangen- und Schmetterlingsfarm, ein Wasserfall und Camps, in denen Elefanten dressiert werden, reihen sich in diesem Tal aneinander. Alles ist touristisch geprägt, aber abwechslungsreich und sehenswert. *Tour ca. 350 Baht, 25 km nordwestlich von Chiang Mai*

Wat Phra That Doi Suthep **[110 C3]**
Berühmt in ganz Thailand ist dieser Tempel auf dem Suthep-Berg (1676 m). 3 km entfernt liegt der Königliche Winterpalast *Phunping*, der freitags bis sonntags nur besichtigt werden kann, wenn die königliche Familie nicht zugegen ist. Das nahe Dorf des Meo-Volkes ist vor lauter Souvenirshops kaum auszumachen. *Tour ca. 350 Baht, 15 km nordwestlich von Chiang Mai*

CHIANG RAI

[111 D1] Die Hauptstadt der gleichnamigen Provinz (45 000 Ew.) wurde schon 1262 gegründet. Sie bildet das wirtschaftliche Zentrum des oberen Nordens, ist aber viel geruhsamer als Chiang Mai. Hier schallt noch Punkt 18 Uhr die Nationalhymne aus öffentlichen Lautsprechern. *180 km nordöstlich von Chiang Mai, Anreise von dort per Flugzeug oder Bus*

SEHENSWERTES

Ein lieblicher Tempel ist der *Wat Phra Keo* (*Traiat Rd.*). Er beherbergte einst den berühmten Jadebuddha, der heute als nationales Heiligtum im gleichnamigen Königstempel in Bangkok zu sehen ist. Ebenfalls sehenswert und in der Nähe gelegen: *Wat Phra Sing* und *Wat Mung Muang* mit seinem bunten Morgenmarkt. Vom *Wat Doi Tung* auf einem Hügel am nordwestlichen Stadtrand haben Sie einen schönen Blick auf die Stadt und den Kok River.

Insider Tipp

MUSEUM

Bergvölker-Museum
Das *Hilltribe Museum* der *Population & Community Development Association* informiert über die verschiedenen Bergvölker und veranstaltet Trekkingtouren. *Tgl. 8.30 bis 17 Uhr, Thanalai Rd., Tel. 053 74 07 84, Fax 053 71 88 69*

ESSEN & TRINKEN

Auf dem Nachtmarkt mitten im Zentrum finden Sie viele Essstände. Im Café des *Golden Triangle Inn* (*€*) gibt es freitag- und samstagabends Volksmusik live. Gute Thai-Küche wird auch im *Cabbages & Condoms* (*€*) des *Hilltribe Museum* serviert.

EINKAUFEN

Der Nachtmarkt ist nicht so groß wie der in Chiang Mai, aber dafür können Sie Kunsthandwerk und Produkte der Bergvölker hier etwas preiswerter erwerben. Außerdem werden Folkloretänze gezeigt.

Insider Tipp

ÜBERNACHTEN

Golden Triangle Inn
Geboten werden einfache Zimmer mit Aircondition, Reisebüro und Autovermietung. *31 Zi., Pahonyothin Rd., Tel. 053 71 13 39, Fax 053 71 39 63, €*

Wangcome Hotel
Komfortables Haus mit Pool im Stadtzentrum. Sehr gutes Preis-Leistungs-Verhältnis. Selbst Suiten kosten nur ca. 100 Euro. *219 Zi., 869/90 Pemawibhata Rd., Tel. 053 71 18 00, Fax 053 71 29 73, €€€*

AM ABEND

Einige Bars und Restaurants befinden sich nahe dem Uhrturm in der *Thrapkaset Plaza, Jetyod Rd.*

AUSKUNFT

Tourism Authority of Thailand (TAT)
Tgl. 8.30–16.30 Uhr, Singhaklai Rd., Tel. 053 71 74 33, Fax 053 71 74 34

ZIELE IN DER UMGEBUNG

Insider Tipp **Mae Salong** [111 D1]
In diesem Dorf (auch *Santi Khiri* genannt) auf dem 1800 m hohen Doi Mae Salong, 50 km nordwestlich von Chiang Rai, leben Nachfahren chinesischer Kuomintang-Soldaten, die nach Maos Revolution über Burma (das heutige Myanmar) nach Thailand geflüchtet sind. Wie einige stattliche Häuser zeigen, geht es ihnen nahe der Grenze nicht schlecht. Sie bauen Tee, Kaffee und Gemüse an.

Auf dem Markt, zu dem auch gern Angehörige der Bergvölker kommen, werden viele Waren aus China angeboten. Die Geschichte des Ortes wird im kleinen Museum des ziemlich vernachlässigten *Mae Salong Resort* dargestellt. Eine angenehmere Unterkunft mit Blick auf den Ort finden Sie in den Holzbungalows des *Khumnaipol Resort (24 Zi., Tel. 053 76 50 01, Fax 053 76 50 04, €).*

Thaton [111 D1]
Das Dorf am Kok River, 80 km westlich von Chiang Rai, ist Ausgangspunkt für ★ Floßfahrten in die Provinzhauptstadt. Nach zwei Übernachtungen (auf dem Hausfloß, in Hütten an Land oder im Schlafsack am Lagerfeuer) sind Sie da. Zwar sind die Berge entlang des Flusses zum großen Teil kahl geschlagen, aber trotzdem ist diese Tour eine der schönsten und bestimmt die erholsamste, die Sie im Norden unternehmen können. Unterwegs können Sie Stopps in Bergdörfern einlegen. Bei fünf Personen (plus zwei einheimischen Floßführern) auf dem überdachten Bambusfloß wird es allerdings sehr eng. Besser ist es, mit vier Passagieren zu fahren, die mit einem Fahrpreis von ca. 1500–2000 Baht pro Person rechnen müssen. Bis zur Abfahrt am nächsten Tag können Sie in äußerst einfachen Gästehäusern übernachten oder in der am Fluss gelegenen, wesentlich gemütlicheren *Mae Kok River Lodge (Tel. 053 21 53 66, €).* Eilige können den Flusstrip auch für 180 Baht mit dröhnenden Schnellbooten absolvieren, die in vier bis fünf (anstrengenden) Stunden zwischen Thaton und Chiang Rai pendeln.

Akka-Frauen mit prunkvollem Kopfschmuck

MAE HONG SON

[110 B2] ★ Die kleinste Provinzhauptstadt des Landes (11 000 Ew.) ist gleichzeitig eine der beschaulichsten. Nahe der Grenze zu Myanmar, eingekesselt von Bergen, galt sie wegen ihrer Abgeschiedenheit lange als »Sibirien Thailands«. Die Umgebung ist ideal für Erkundungen abseits ausgetretener Touristenpfade. Die kürzeste Straßenverbindung von Chiang Mai windet sich über *Pai* auf einer Strecke von 245 km durch die Berge. In 30 Minuten können Sie auch hinfliegen, und das für gerade mal 390 Baht (Thailands billigster Inlandsflug).

SEHENSWERTES

Chong-Kam-See
Kleiner See mit Park direkt am Zentrum. Am frühen Morgen, wenn Nebelschwaden wabern und sich die Seerosen öffnen, ist es hier besonders schön. Idyllisch am Ufer liegen die filigranen Tempel *Wat Chong Klang* und *Wat Chong Kham.*

Doi Kong Mu
Der 424 m hohe Berg am Stadtrand wird gekrönt vom schneeweißen Chedi des *Wat Phra That Doi Kong Mu.* Von hier aus haben Sie eine herrliche Aussicht auf Stadt, Tal und Berge.

ESSEN & TRINKEN

Essstände finden Sie im Markt an der *Khunlumpraphat Rd.*, außerdem gibt es mehrere kleine Lokale am See.

Bai Fern Restaurant Insider Tipp
Der Feinschmeckertempel der Stadt. *Khunlumprapat Rd., Tel. 053 61 13 74, €*

ÜBERNACHTEN

Holiday Inn
Großer Pool und ausgezeichnetes Restaurant. *114 Zi., Khunlumpraphat Rd. (1 km vom Zentrum), Tel. 053 61 22 12, Fax 053 61 15 24,* €€–€€€

Piya Guesthouse
Einfache Zimmer (mit Aircon-diton oder Ventilator) in bester Lage am See. *14 Zi., Khunlumpraphat Rd., Tel. 053 61 12 60, Fax 053 61 23 08,* €

Rings um den See befinden sich weitere schlichte Gästehäuser.

Insider Tipp **Rim Nam Klang Doi Resort**
Schöne Holzbungalows in einem gepflegten Garten direkt am Pai River. Ein Platz zum Entspannen. *39 Zi., Ban Huai Dua (8 km außerhalb), Tel. 053 61 21 42, Fax 053 61 10 86,* €

AUSKUNFT

Touristenpolizei
Die *Tourist Police* vertritt hier die Tourism Authority of Thailand (TAT). *Singhanat Bamrung Rd., Tel. 053 61 18 12*

ZIELE IN DER UMGEBUNG

Die Agenturen und Gästehäuser bieten interessante Ausflüge und Trekkingtouren sowie Rafting mit Bambusflößen auf dem Pai-Fluss an.

Dörfer der »Langhalsfrauen« [110 A2]
Als fragwürdige Touristenattraktion haben Geschäftemacher so genannte *Longneck* vom Stamm der Padaung, einer Untergruppierung des Karen-Volkes, aus Myanmar herübergebracht und in zwei (künstlichen) Dörfern angesiedelt. Eines liegt im Dschungel, das andere kurz vor der Grenze am Pai-Fluss. Zu sehen gibt es Frauen, deren Hälse durch Messingringe gestreckt scheinen. Selbst die Padaung sprechen hinter vorgehaltener Hand vom »Menschenzoo«. Ausländer müssen 300 Baht Eintritt zahlen, Videokameras kosten 100 Baht extra.

Höhlen [110 B2]
Mehrere, noch kaum erforschte riesige Höhlen liegen nordwestlich von Mae Hong Son. Die *Tham Nam Lang* soll eine der weltweit größten sein. Beim Dorf *Soppong* können Sie die Tropfsteinhöhle *Tham Lot* erkunden. Dort hat der Australier John Spiess die Bambushütten der *Cave Lodge* gebaut.

Mae Aw [110 A2] Insider Tipp
Auf einer Piste geht es durch eine wilde, einsame Berglandschaft zu diesem Kuomintang-Dorf. Da es jenseits der Grenze immer wieder zu Gefechten zwischen burmesischen Soldaten und um Unabhängigkeit kämpfenden Bergvölkern kommt, ist die Tour nur mit ortskundigem Führer zu empfehlen.

MAE SAI

[111 D1] Thailands nördlichste Stadt (5000 Ew.) liegt 62 km von Chiang Rai entfernt. Eine Brücke führt über den schmalen Mae Sai River nach *Tachilek* in Myanmar. Ausländer dürfen tagsüber rüber, müssen aber fünf Dollar an die burmesischen Grenzer zahlen. Bei Kämpfen zwischen der burmesischen Armee und Rebellen wird der Grenzübergang geschlossen.

EINKAUFEN

Auf dem ★ Markt von Tachilek werden Waren aus China angeboten, Schmuggelzigaretten und Kunsthandwerk. Vorsicht bei Edelstein-»Schnäppchen«! In Mae Sai können Sie ebenfalls viel Kunsthandwerk erwerben.

ÜBERNACHTEN

Mae Sai Guesthouse
Schlichte Bungalows, schön gelegen auf einer Wiese direkt am Grenzfluss, 1 km links der Brücke (*15 Zi., Tel. 053 73 20 21,* **€**).

Auf dem Weg dorthin liegen mehrere billige Gästehäuser, darunter das skurrile, am Hang klebende vereinigte Hüttenwerk des *Mai Sai Plaza (Tel. 053 73 22 30,* **€***).*

Wang Thong Hotel
Bestes Haus am Platz (mit Pool), kurz vor der Brücke. *148 Zi., Phahonyothin Rd., Tel. 053 73 38 89, Fax 053 73 33 99,* **€–€€**

ZIEL IN DER UMGEBUNG

Goldenes Dreieck **[111 D1]**
Nach einer halben Stunde Fahrt sind Sie im *Golden Triangle* und sehen erst mal vor lauter Souvenirbuden kaum den Mekong. Ein kleines *Opium-Museum (Eintritt 20 Baht)* informiert über die Gewinnung des Rauschgiftes. Vom *Viewpoint* oberhalb eines kleinen Klosters liegt Ihnen das Dreiländereck Thailand/Laos/Myanmar zu Füßen.

Bootsverleiher auf der thailändischen Seite vermieten pfeilschnelle und extrem laute Motorboote für einen Flusstrip. Achtung: Sie dürfen weder an laotischer noch an burmesischer Seite an Land!

Nicht mehr berüchtigt, immer noch berühmt: Goldenes Dreieck am Mekong

Wo Thailand noch ursprünglich ist

Im Land der Reisbauern auf den Spuren der Dinos und alter Kulturen

Wie die zentrale Ebene nördlich von Bangkok ist auch das weite Hochplateau des Nordostens das Land der Reisbauern. Aber hier im regenarmen Isan ist der Boden karg, fallen die Ernten oft gering aus. Und wenn im Sommer die Hitze wie ein Fluch über dem staubigen Land lastet, verdorren viele Ähren am Halm. Der Nordosten ist das Armenhaus des Landes und kann nicht alle seine Bewohner ernähren. Viele Menschen sind deshalb nach Bangkok und in die wirtschaftlich besser gestellten Regionen des Landes abgewandert.

KHON KAEN

[116 B1–2] Die Universitätsstadt (180 000 Ew.) liegt im Herzen des Isan, 450 km von Bangkok entfernt, und gilt als inoffizielle Hauptstadt der Region. Nur wenige Touristen machen hier Station. Außer dem sehr gut bestückten Nationalmuseum und den Tempeln gibt es keine nennenswerten Attraktionen in der Stadt selbst.

In vielen Dörfern im Isan wird der Reis noch von Hand gedroschen

SEHENSWERTES

Bung Kaen Nakhon

Der See am südöstlichen Rand des Zentrums ist ein beliebter Picknickplatz der Einheimischen. Besonders eindrucksvoll ist die Pyramide des in den Farben Rot, Weiß und Gold gestalteten *Wat Muang Gao,* Insider Tipp mit exquisiten Schnitzereien in Türen und Fensterläden.

MUSEUM

Nationalmuseum

Das Museum zeigt eine große Sammlung archäologischer Fundstücke wie Stein- und Bronzeäxte aus Ban Chiang, außerdem Grenzsteine mit Buddhareliefs aus dem 9. und 10. Jh., einen anmutigen Bronzebuddha mit femininen Gesichtszügen aus der Sukhothai-Periode und eine Shiva-Statue aus dem 11. Jh. Selbst ein nachgebautes traditionelles Bauernhaus fehlt nicht. *Mi–So 9–16 Uhr, Eintritt 30 Baht, Langsunratchakan Rd.*

ESSEN & TRINKEN

Für ein paar Euro können Sie sich auf dem Nachtmarkt nach Herzenslust quer durch die Isan-Küche essen. Angenehm sitzt man in den offenen Restaurants der *Night Garden Plaza* nahe dem Kosa Hotel. Das absolute kulinarische Highlight sollten Sie nicht verpassen: die Restaurants des *Hotel Sofitel.*

Insider Tipp

ÜBERNACHTEN

Insider Tipp

Hotel Sofitel Raja Orchid

Das einzige Fünfsternehotel im Nordosten ist fast schon allein eine Reise in den Isan wert. Selbst eine *Junior Suite* kostet nur ca. 80 Euro. In Bangkok müssten Sie dafür das Dreifache oder mehr hinblättern. Hervorragend und doch preiswert sind die Restaurants (thai, chinesisch, vietnamesisch). *293 Zi., Prachasumran Rd., Tel. 043 32 21 55, Fax 043 32 21 50, www.sofitel.com,* €€€

Kosa Hotel

Hier sollten Sie ein paar Euro drauflegen und sich einen opulenten *Deluxe Room* gönnen. Das Preis-Leistungs-Verhältnis ist extrem günstig. Einziger Nachteil: kein eigener Pool. Hotelgäste dürfen aber den Pool im benachbarten Shoppingcenter kostenlos benutzen. *187 Zi., Srichan Rd., Tel. 043 32 03 20, Fax 043 22 50 13,* €–€€

AM ABEND

Das Sofitel ist auch Nightlife-Zentrum der Stadt. Im *Underground Entertainment Complex* finden Sie die modernste Disko der Region, das größte Karaokestudio sowie Essstände mit vielen asiatischen Spezialitäten.

AUSKUNFT

Tourism Authority of Thailand (TAT)

Tgl. 8.30–16.30 Uhr, Prachasamosorn Rd., Tel. 043 24 44 98, Fax 043 24 44 97

Kobra als Showstar im Dorf Ban Khoksanga

MARCO POLO Highlights »Nordosten«

★ **Dino-Park**
In der Provinz Khon Kaen weisen riesige Dinosaurier den Weg zu Ausgrabungsstätten (Seite 63)

★ **Das Dorf der Seidenweber**
Wo Sie zuschauen können, wie schillernde Thai-Seide gewoben wird (Seite 64)

★ **Phimai**
Die schönsten Khmer-Tempel Thailands und uralte Banyanbäume (Seite 64)

★ **Nong Khai**
Liebenswertes Städtchen am Mekong-Fluss und ein bizarrer Skulpturenpark (Seite 65)

★ **Elephant Round-Up in Surin**
Bei diesem Fest der Jumbos zeigen die Dickhäuter, was sie gelernt haben (Seite 65)

★ **Ban Chiang**
Zeugnisse einer alten Hochkultur aus der Bronzezeit (Seite 67)

ZIELE IN DER UMGEBUNG

Mit öffentlichen Verkehrsmitteln gestalten sich Touren kompliziert. Bei *Kaen Koon Travel (Ammart Rd., Tel. 043 23 94 58)* können Sie Wagen mit und ohne Fahrer mieten. Touren bietet auch das *Sofitel* an.

Phu-Wiang-Nationalpark [116 A1]

★ Der Park präsentiert sich als »Dinosaurland«. Die riesigen Saurierskulpturen sind jüngeren Datums, aber die versteinerten Relikte der Urzeitviecher sind 120 bis 140 Mio. Jahre alt. Man kann Grabungsstätten besichtigen und Funde sowie Schautafeln im kleinen Besucherzentrum studieren. *80 km nordwestlich von Khon Kaen*

Ubolrat-Damm und Kobradorf [116 B1]

Der 800 m lange Damm, 50 km nordwestlich von Khon Kaen staut ein 410 km^2 großes Reservoir. Er ist ein beliebtes Ausflugsziel mit Bootstouren auf dem Stausee und einem Golfplatz. Ein Trip dorthin lässt sich mit einem Besuch des Dorfes *Ban Khoksanga* verbinden. Dort präsentiert das *King Cobra Conservation Project* Kobras und andere Schlangen in Gehegen. Männer des Dorfes steigen mit Pythons und Kobras in den Boxring. Da Sie unter der Woche vermutlich die einzigen Besucher sein werden, fragen Sie vorher besser nach dem Preis für die Show.

NAKHON RATCHASIMA

[116 A4] Die gemeinhin *Korat* genannte Provinzmetropole ist mit 200 000 Einwohnern die größte Stadt des Nordostens und gleichsam ihr Eingangstor, zudem wichtigster Industriestandort und Verkehrsdrehscheibe für die Weiterreise. Die interessantesten Sehenswürdigkeiten liegen in der Umgebung. Die Anreise von Bangkok ist per Zug, Bus und Flugzeug möglich.

SEHENSWERTES

Thao Suranari Monument
Das Denkmal ist einer Nationalheldin gewidmet, die 1826 die Stadt gegen laotische Angreifer verteidigte. *Ratchadamnoen Rd.*

MUSEUM

Maha-Wirawong-Nationalmuseum
Das Museum zeigt viele Buddhafiguren, Keramik, Schnitzereien und Zeugnisse der Khmer-Kunst. *Mi–So 9–16 Uhr, Eintritt 10 Baht, Ratchadamnoen Rd. beim Wat Suthachinda*

ESSEN & TRINKEN

Tagsüber haben die Essstände auf dem Markt gegenüber dem Denkmal der Thao Suranari geöffnet, abends diejenigen auf dem *Night Bazaar Mahattai Rd./Ecke Manat Rd.*

Pokaphan
Isan-Küche, auch ausgefallene Gerichte wie Fischmagensuppe. *Asdang Rd., Tel. 044 24 25 68, €*

ÜBERNACHTEN

Chomsurang
Komfortable Zimmer, günstige Preise, Pool, zentrale Lage. *167 Zi., Mahattai Rd., Tel. 044 25 70 88, Fax 044 25 28 97, €–€€*

Royal Princess
Das beste Haus im Stadtzentrum. Mit einem sehr guten China-Restaurant. *188 Zi., Suranari Rd., Tel. 044 25 66 29, Fax 044 25 66 01,* **€€€**

AUSKUNFT

Tourism Authority of Thailand (TAT)
Hier bekommen Sie Karten, auf denen die Destinationen in Thai-Schrift vermerkt sind (wichtig, da Englischkenntnisse im Isan nicht verbreitet sind). *Tgl. 8.30–16.30 Uhr, Mittraphap Rd. (Umgehungsstraße am Stadtrand, nahe Hotel Sima Thani), Tel. 044 21 36 66, Fax 044 21 36 67*

ZIELE IN DER UMGEBUNG

Dorf der Seidenweber [116 A4]
★ Wie Seidenstoffe von Hand oder mit modernen Webmaschinen gewoben werden, können Sie im Dorf *Pak Thong Chai* sehen. *32 km südlich, Busse im Pendelverkehr*

Dorf der Töpfer [116 A4]
In *Dan Kwian* werden auf traditionelle Weise Keramikarbeiten produziert, die Sie zu fast unglaublich günstigen Preisen erwerben können. *15 km südlich, regelmäßig lokale Busse*

Phimai [116 B3]
★ Mitten in dem angenehmen Städtchen liegt die größte Khmer-Tempelanlage außerhalb Kambodschas. Der *Phimai Historical Park (tgl. 7.30–18 Uhr, Eintritt 20 Baht)* beeindruckt mit imposanten Sandsteinbauten, die sich um den zentralen, 28 m hohen Prang gruppie-

ren. Sehr sehenswert ist auch das *Phimai National Museum (Mi bis So 8–16.30 Uhr, Eintritt 10 Baht)* mit Kunstobjekten und Grabungsfunden aus dem Isan. Ein Kunstwerk der Natur sind mehrere jahrhundertealte Banyanbäume am *Mun River (2 km östlich der Stadt).*

Unterkunft finden Sie im zentral gelegenen, sehr schlichten *Old Phimai Guesthouse (8 Zi., Chomsudasadet Rd., Tel. 044 47 19 18, €)* oder in den Aircon-Zimmern des *Phimai Inn (Tel. 044 47 11 75, €, ca. 1,5 km außerhalb an der By-Pass Rd.).* Gut und preiswert essen Sie im Restaurant *Bai-Teiy (Chomsudasadet Rd., €). 60 km nordöstlich, viele Busse*

Phrasat Phanom Rung **[116 B4]**

Auch diese Tempelanlage, 100 km östlich in der Nachbarprovinz Buri Ram, ist eines der bedeutendsten Meisterwerke der Khmer-Baukunst in Thailand. Gebaut wurde es im 12. Jh. auf einem erloschenen Vulkan. Die Anfahrt mit öffentlichen Verkehrsmitteln ist sehr umständlich. Wagen mit Fahrer vermietet in Korat z. B. die *Korat Business Co. (Buarong Rd., Tel. 044 25 86 31).*

Surin **[116 C4]**

Die 40 000-Einwohner-Stadt, Metropole der gleichnamigen Provinz, wird zum ★ *Elephant Round-Up* an einem Wochenende Mitte/Ende November von Touristen überschwemmt. Dabei zeigen bis zu 200 Elefanten Kunststücke, die ihnen vom Volk der Suay beigebracht wurden. Reisebüros in Bangkok veranstalten Sonderfahrten mit Zug oder Bus. Im Dorf *Ta Klang,* 60 km nördlich von Surin, steht ein kleines *Elefantenmuseum.* Insider Tipp Dort können Sie zuschauen, wie Elefanten dressiert werden. Die Shows finden normalerweise an Wochenenden statt – erkundigen Sie sich aber im Hotel nach dem neuesten Stand der Dinge.

Übernachten können Sie im Hotel *Petchkasem (162 Zi., Chitbamrung Rd., Tel. 044 51 12 74, Fax 044 51 10 41, €–€€)* mit Pool, Restaurant und Folkloreshow. Spartanisch eingerichtet ist das *Pirom Guesthouse (8 Zi., Krungsinai Rd., Tel. 044 51 51 40, €).* Der Sozialarbeiter Pirom veranstaltet Touren. Mit Infos hilft auch der Texaner Ron Barber im gemütlichen Restaurant *Country Roads (Sirirat Rd., Tel. 044 51 57 21, €). Surin liegt 200 km östlich von Korat, Anfahrt mit Bus oder Zug*

NONG KHAI

[112 C4] ★ Erholsame Tage am Mekong verheißt diese Provinzhauptstadt mit 25 000 Einwohnern. Der Boom, den sich viele vom Bau der Brücke nach Laos erhofft hatten, ist nicht eingetreten: Nur wenige Autos fahren über die 1,2 km lange *Thai-Lao Friendship Bridge* in die 22 km entfernte Hauptstadt Vientiane.

SEHENSWERTES

Wat Khaek mit seinem bizarren *Skulpturengarten* Insider Tipp ist einzigartig. Neben den riesigen Buddhastatuen, Dämonen mit abgeschlagenen Köpfen in den Händen, hinduistischen Göttern, siebenköpfigen Kobras und Elefanten wirken die Besucher wie Zwerge. *3 km östlich*

ESSEN & TRINKEN

Viele kleine Lokale haben sich auf westliche Traveller spezialisiert, z. B. *Nobbi's (Meechai Rd., Tel. 042 46 05 83, €)*, wo der Chef neben selbst gemachter Wurst und Ananasmost auch Touren anbietet. Insider Tipp Das schwimmende Restaurant *Rueae Pae Haisoke (€)* legt tgl. um 17.30 Uhr beim *Wat Haisoke* zur einstündigen Dinner-Kreuzfahrt auf dem Mekong ab. Thai-Küche und französische Gerichte mit Blick auf den Fluss bekommen Sie bei Eric im *Le Bistro (Rimkong Rd., Tel. 042 41 22 29, €)*. Thai-Restaurants gibt es beim *Markt am Sadet-Pier.*

Führt der Mekong Niedrigwasser, finden Sie viele Essstände auf den Sandbänken nahe der Brücke.

EINKAUFEN

Auf dem rappelvollen *Sadet Market* werden viele Waren aus Laos und China feilgeboten.

Village Weaver Handicrafts Insider Tipp

Im Geschäft dieses Selbsthilfeprojekts finden Sie ein großes Angebot an handgewobenen Stoffen und Kleidung. Sie können den Frauen auch bei der Arbeit zuschauen. *Prachak Rd., Tel. 042 41 12 36*

ÜBERNACHTEN

Mekong Royal Nongkai

Sehr gute Zimmer, großer Pool, direkt am Mekong, 500 m hinter der Brücke flussaufwärts. *197 Zi., Jommanee Beach, Tel. 042 42 00 24, Fax 042 42 12 80, €€*

Mut Mee Guesthouse

Äußerst schlichte Bungalows, teils ohne eigene Dusche, aber direkt am Fluss. Rustikales, gutes Restaurant im Garten. Ein Favorit bei Travellern, und auch Botschaftsangehörige aus Vientiane kommen gern. Der Engländer Julian und seine Frau Pao bieten Yogakurse an, verleihen Fahrräder,

Picknick am Ufer des Mekong in Nong Khai

organisieren Touren. *26 Zi., Kaaeworawat Rd., Fax 042 46 07 17, wasambe@loxinfo.co.th, €.*

Weitere einfache Gästehäuser gibt es in der Umgebung.

AUSKUNFT

Tourism Authority of Thailand (TAT)
Tgl. 8.30–16.30 Uhr, Mitrapap Thai-Lao Rd., Tel./Fax 042 46 78 44

UDON THANI

[112 C5] Die Handelsmetropole (100 000 Ew.) liegt an der Bahnstrecke zwischen Khon Kaen und Nong Khai. Obwohl in dieser Provinz beim Dorf Ban Chiang die bedeutendste archäologische Stätte des Landes liegt, ist die Stadt selbst kein Touristenziel. Sie können per Flugzeug, Bahn oder Bus anreisen.

SEHENSWERTES

Udon Sunshine Orchid Garden
Mr. Pradit züchtet hier Orchideen und gewinnt daraus Parfüm – was sonst niemandem in Thailand gelingt. Die wirkliche Attraktion sind aber seine »tanzenden Pflanzen«, eine Kreuzung zwischen thailändischen und chinesischen Blattpflanzen. Wenn man ihnen mit sanfter Stimme etwas vorsingt, bewegen sich ihre Blätter. *Nongsamrong Rd., Tel. 042 24 24 75, Eintritt 50 Baht (für die Aidshilfe)*

Insider Tipp

ÜBERNACHTEN

Charoensri Grand Royal Hotel
Die Nr. 1 der Stadt, neben dem Shoppingcenter. Pool, Fitnesscenter. Das Preis-Leistungs-Verhältnis ist sehr gut. *255 Zi., Prachak Rd., Tel. 042 34 35 55, Fax 34 35 50, €€*

Roland's Guesthouse
Der Schwabe und Ex-Wrestlingstar Roland Bock betreibt dieses gepflegte Stadtresort mit Pool, Sauna und Fitnesscenter. Alle Zimmer sind mit Aircondition, TV und Minibar ausgestattet. Auto- und Motorradverleih. *18 Zi., Srichomchuen Rd., Tel. 042 24 61 59, 019 54 56 97, Fax 042 24 67 16, €*

AUSKUNFT

Tourism Authority of Thailand (TAT)
Tgl. 8.30–16.30 Uhr, Mukmontri Rd., Tel. 042 32 54 06, Fax 042 32 54 08

Kannika Tour
Chefin Kannika spricht gut Englisch, bietet Touren an (auch nach Laos) und vermietet Fahrzeuge. *Srisatha Rd., Tel. 042 24 13 78, Fax 042 24 04 43*

ZIEL IN DER UMGEBUNG

Ban Chiang **[113 D5]**
★ In dem kleinen Dorf 56 km östlich von Udon Thani lebte vor rund 3500 Jahren ein hoch entwickeltes Bauernvolk. Bei Grabungen fand man zwischen Skeletten Töpferwaren und Bronzewerkzeuge. In Zusammenarbeit mit amerikanischen Experten wurde ein eindrucksvolles *Nationalmuseum* geschaffen. Eine Ausgrabungsstätte kann im Hof des *Wat Phi Si Nai* besichtigt werden. Vor dem Museum bieten Händler Töpferwaren an. *Mi–So 9 bis 16.30 Uhr, Eintritt 30 Baht*

Urlaubsparadies über wie unter Wasser

Spektakuläre Strände, Robinsoninseln und Baumhäuser im Dschungel

Der Süden Thailands ist tatsächlich so, wie man sich ein Urlaubsparadies vorstellt: von einer landschaftlichen Schönheit, die selbst weit gereisten Touristen den Atem raubt, und von einer Vielfalt, die den unterschiedlichsten Wünschen gerecht wird. Egal, ob Sie Ruhe suchen oder Rummel (oder beides) – Sie haben die Qual der Wahl. An den Stränden und vor allem auf den Inseln des Golfs von Siam und der Andaman-See werden für Besucher aus aller Welt Urlaubsträume wahr.

Die Natur hat es gut gemeint mit den Thais im Süden. Auch bevor die Touristen kamen, mussten sie keine Not leiden. Die Fische im Meer, der fruchtbare Boden und darin verborgene Schätze, beispielsweise Zinn, bescherten vielen ein sorgenfreies Dasein – und manchen sogar großen Reichtum. Der Tourismus ist zwar ein bedeutender Wirtschaftsfaktor geworden, aber eine absolut dominierende Rolle spielt er eigentlich nur auf zwei Inseln: auf Phuket und Samui. Und selbst dort werden Sie noch viel von der alten Lebensweise der Einheimischen entdecken.

Traumstrand in Thailands Süden: Lamai Beach auf Ko Samui

Im Khao-Sok-Nationalpark

In diesem Kapitel sind, alphabetisch geordnet, zuerst die Ziele am und im Golf von Siam (Ostküste) und dann die Destinationen an und in der Andaman-See (Westküste) aufgeführt.

HUA HIN

[118 B3] Im ältesten Seebad des Landes gingen schon Könige baden, als Thailand noch Siam hieß. Heute tummeln sich an den kilometerlangen Stränden vor allem Wochenendbesucher aus dem 240 km entfernten Bangkok. Apartmentblocks säumen die Küste, aber die 60 000-Einwohner-Stadt selbst ist weitgehend eine »Königin der Ruhe« geblieben, wie es in einer Broschüre des Fremdenverkehrsamtes heißt. Noch immer stehen am Strand verwitterte Holzhäuser auf Pfählen, machen keine Ausflugsboote den Fischtrawlern ihren Ankerplatz streitig. Viele der internationalen Touristen sind schon aus dem Diskoalter heraus und genießen hier ein Seebad, das den Charme einer liebenswerten alten Dame versprüht. Daran ändern auch einige Hotelneubauten nichts.

SEHENSWERTES

Khao Takiab Hill

Am südlichen Ende des Strandes erhebt sich dieser Felsenberg. Vom *Tempel* haben Sie eine prächtige Aussicht. Die Affen dort mögen Bananen.

ESSEN & TRINKEN

Viele Lokale mit internationaler Küche und Fischrestaurants finden Sie entlang der *Narasdamri Rd.*, parallel zum Strand. Lecker schmecken auch Muschelomeletts und Nudelsuppen mit Ente auf dem Nachtmarkt.

ÜBERNACHTEN

Es gibt viele Gästehäuser und kleine Hotels im Touristenviertel zwischen Strand und Stadtzentrum.

Hotel Sofitel Central

In den Zwanzigerjahren des 20. Jhs. im viktorianischen Stil erbaut, kombiniert dieses Haus Luxus mit Nostalgie. Wunderschöner Park mit aus Büschen geschnittenen Tierfiguren. Direkt am Strand gelegen. *218 Zi., Tel. 032 51 20 21, Fax 032 51 10 14,* €€€

Jed Pee Nong

Zweckmäßige Zimmer mit Aircondition, kleiner Pool, 200 m zum Strand. *50 Zi., Tel. 032 51 23 81, Fax 032 53 20 63,* €–€€

AUSKUNFT

Tourist Information Center

Am Sitz der Stadtverwaltung. *Tgl. 8.30–16.30 Uhr, Phetkasem Rd., Tel. 032 51 10 47*

ZIELE IN DER UMGEBUNG

Reisebüros bieten eine Vielzahl von Touren zu noch kaum touristisch vermarkteten Zielen an: beispielsweise in den *Khao-Sam-Roi-Yod-Nationalpark* mit gewaltigen Kalksteinmassiven an Land und im Meer oder in den Dschungel zu den *Wasserfällen von Palau-U* nahe der Grenze zu Myanmar. Ein Trip in die nördliche Nachbarprovinz Petchaburi bringt Sie per Kabelbahn auf den Berg *Khao Wang* zum Sommerpalast von König Mongkut. Noch etwas weiter nördlich, in *Ratchaburi* **[118 B2]**, können Sie bei Sonnenuntergang erleben, wie Millionen von Fledermäusen wie ein riesiger fliegender Teppich aus der Höhle *Khan Khao* schwärmen.

KO LANTA

[122 A2–3] ★ Die Insel ist immer noch touristisches Neuland, obwohl sie leicht mit Fähren von Ko

MARCO POLO Highlights »Süden«

★ **Ko Lanta**
Insel im Windschatten des Tourismus (Seite 70)

★ **Ko Samui**
Die Diskoszene heizt Nachtschwärmern ein (Seite 74)

★ **Khao-Sok-Nationalpark**
Ab in den Dschungel, mit Lastwagenschläuchen in den Fluss und hinauf in die Baumhäuser (Seite 79)

★ **Ko Phi Phi**
Thailands schönste Inseln (Seite 79)

★ **Phang Nga**
Die Bucht der Felsenberge und ein Pfahldorf im Meer (Seite 79)

Phi Phi und Krabi zu erreichen ist. An der 20 km langen Westküste finden Sie mehrere Strände mit einfachen Resorts. Nur ein paar Pick-ups fahren auf der Pistenstraße. *Ban Saladan*, wo die Fährboote anlegen, ist ein Straßendorf mit wettergegerbten Holzhäusern.

ESSEN & TRINKEN

Nur am Hauptstrand von *Klong Dao* finden Sie einige wenige eigenständige Strandlokale. Bei *Hans* gibt's Kässpätzle, bei *Danny's* sonntags ein *Thai-Food-Festival*. An den anderen Stränden sind Sie auf die Küchen der Resorts angewiesen. Am Pier von *Ban Saladan* bekommen Sie frische Brötchen mit Schinken und richtigen Kaffee bei Robert in der *Saladan Swiss Bakery*. *Alle €*

Insider Tipp

ÜBERNACHTEN

Lanta Villa
Einfache, zweckmäßige Bungalows, teilweise mit Aircondition. Ordentliches Restaurant (verkneifen Sie sich die westliche Küche). *40 Zi., Klong Dao Beach, Tel./Fax 075 62 06 29, €*

Relax Bay Tropicana
Schlichte Holzbungalows (mit Ventilator, Dusche) in Hanglage über einer kleinen Bucht, Tauchbasis. *48 Zi., Phra Ae Beach, Tel. 017 22 00 89, 075 62 06 18, €*

FREIZEIT & SPORT

Schnorcheltrips zu den vorgelagerten Inselchen bieten die Resorts an. Die von Deutschen geleiteten Tauchbasen wie *Ko Lanta Diving* oder *Atlantis Diving* in Ban Saladan bringen Sie zum Unterwasserfelsen *Hin Muang*, den fast immer Walhaie und Rochen umkreisen.

KO SAMUI

[121 E3] Als riesige Kokospalmenplantage, gekrönt von einem Dschungelberg, präsentiert sich Thailands drittgrößte Insel beim Anflug auf die Landepiste des rustikalen »Airport«, der nicht viel mehr als ein Strohdach auf Pfählen ist – und Sie schon mal einstimmt auf dieses Urlaubsparadies im Golf von Siam. Keine Verkehrsstaus strapazieren hier Ihre Geduld, die Inselmetropole *Nathon* können Sie auf einem Spaziergang erkunden. Es grünt überall, Strände und Buchten reihen sich aneinander wie Perlen auf einer Kette. Kein Wunder, dass bis zum Bau des Flughafens 1988 Ko Samui das Lieblingsziel der Rucksackreisenden war. Inzwischen mussten die meisten Bambushütten komfortableren Resorts weichen, denn auch zahlungskräftigere Touristen haben dieses Inseljuwel entdeckt. Aber auf Ko Samui (35 000 Ew.) sind die Behörden sehr bemüht, die Bausünden von Pattaya und Phuket nicht zu wiederholen. Mit kulturellen Sehenswürdigkeiten kann Ko Samui nicht dienen. Aber Langeweile kommt trotzdem nicht auf, denn das Eiland der Kokospalmen ist nicht nur Bade-, sondern auch Partyinsel.

Ausführliche Informationen finden Sie im MARCO POLO Band »Ko Samui/Ko Phangan«.

STRÄNDE

Die meisten Resorts und die beste Infrastruktur finden Sie an den Stränden von *Chaweng* (dem schönsten von allen) und *Lamai* an der Ostküste. Kleine Oasen der Ruhe sind dort die Buchten von *Thong Sai, Choeng Mon, Chaweng Noi, Coral Cove* und *Na Khai.* Ebenfalls noch rummelfrei sind die Strände von *Mae Nam, Bo Phut* und *Big Buddha* an der Nordküste. Der Süden und der Westen sind noch kaum erschlossen. Hier sind die Strände auch nicht sehr attraktiv, das flache Wasser ist nur bedingt zum Schwimmen geeignet.

SEHENSWERTES

Die 247 km² große Insel lässt sich von der gerade mal 51 km langen Ringstraße aus bequem an einem Tag erkunden. Auf der Tour können Sie das *Monkey Theatre* mit Affen- und Elefantenshow *(10.30, 14, 16 Uhr, Eintritt 150 Baht)*, eine *Schmetterlingsfarm (120 Baht)* und das erst 1999 eingeweihte *Aquarium (250 Baht)* besichtigen. Lohnend ist auch ein Abstecher zum Wahrzeichen der Insel, dem 15 m hohen *Big Buddha,* und zu den Wasserfällen *Hin Lad* und *Namuang.* Im abgelegenen Fischerdorf

Farbtupfer am Strand: Im Fischerdorf Hua Thanon sind bunt bemalte Boote wie dieses zu sehen

Insider Tipp *Hua Thanon* im Südosten können Sie Boote sehen, die mit Schnitzereien verziert und bunt bemalt sind. In provisorischen Arenen werden gelegentlich (unblutige) Büffelkämpfe veranstaltet, bei denen Wasserbüffel ihre Kräfte messen und die Einheimischen mit Begeisterung wetten. Termine und Orte erfahren Sie an der Rezeption Ihres Hotels.

ESSEN & TRINKEN

Eine vielfältige, eigenständige Restaurantszene finden Sie nur am Chaweng Beach und Lamai Beach. Ansonsten bieten auch alle Unterkünfte eine mehr oder weniger einfallsreiche Küche an. Oft wird die Thai-Küche an den Essständen wie z. B. im Insider Tipp *Lamai Food Center* oder in den einfachen Lokalen besser (und preiswerter) zubereitet als in den ausschließlich auf Touristen ausgerichteten Restaurants. Mit Abstand am besten speisen Sie in den Restaurants der Edelresorts, z. B. im *Santiburi Dusit Resort* (Mae Nam), *Thongsai Bay* (Thong Sai) und *Imperial Samui* (Chaweng Noi).

Drop Inn

Italienische Küche in einem Holzbau, an dem abends Tausende von Glühbirnen leuchten. *Chaweng Beach, Tel. 077 23 03 61, €*

Sala Thai

Eines der besseren Thai-Restaurants außerhalb der Hotels (verzichten Sie lieber auf die westliche Küche). *Lamai Beach, Tel. 077 23 31 80, €*

Wild Orchid

Seafood und schmackhafte Thai-Küche, deren Schärfe dem westlichen Gaumen angepasst ist. Nettes Ambiente: halb Restaurant, halb Antiquitätenladen. *Chaweng Beach, Tel. 077 42 22 01, €–€€*

ÜBERNACHTEN

Charlie's Hut

Hier hat sich nicht viel verändert, seit die ersten Rucksackreisenden nach Ko Samui kamen. Die rustikalen Pfahlhütten bieten keinerlei Komfort, aber die besseren sind mit Dusche und Ventilator ausgestattet. *Der* Treffpunkt für junge Leute am Chaweng Beach. *99 Zi., Chaweng Beach, Tel./Fax 077 42 23 88, €*

Laem Sai

Einfache Bungalows mit Aircondition oder Ventilator, sehr ruhig gelegen auf der Landzunge, die den Mae Nam vom Bo Phut trennt. *25 Zi., Mae Nam Beach, Tel. 077 42 51 33, €–€€*

Montien House

Gepflegte Anlage, viel Grün, Bungalows mit und ohne Aircondition, TV. *48 Zi., Chaweng Beach, Tel. 077 42 21 69, Fax 077 42 21 45, montien@samart.co.th, €–€€*

Royal Blue Lagoon

Insider Tipp

Romantische, kleine Anlage mit komfortablen Bungalows (Aircondition). Kleiner Pool. *17 Zi., Lamai Beach, Tel. 077 23 11 80, Fax 077 42 41 95, €€*

The Spa

Äußerst schlichte Bungalows, etwas für Gesundheitsfreaks (Meditation, Massage, Sauna, vegetarische Küche, Yoga). *18 Zi., Lamai Beach, Tel. 077 23 08 55, www.surat.loxinfo.co.th/~thespa, €*

Ziggy Stardust
Gemütliche Holzbungalows mit Terrassen in tropischem Garten. Zimmer mit Aircondition oder Ventilator. Zum Strand kommen Sie über eine schmale Straße, ins Ortszentrum in drei Minuten. *24 Zi., Bo Phut, Tel./Fax 077 42 51 73, www.kohsamui.net/ziggy, €*

FREIZEIT & SPORT

Alle Arten von Wassersport sind möglich, wobei Sie das größte Angebot am Chaweng Beach und am Lamai Beach finden. Auch ein Gokartkurs, eine Minigolfanlage und ein Schießstand warten auf Besucher. Mehrere Agenturen bieten Elefantentrekking an.

AM ABEND

★ Partytime ist jede Nacht und bis zum frühen Morgen angesagt. Das Nachtleben wird hier geprägt von teils riesigen Pubs und Diskos. Die Warnung vom *The Doors Pub* (Chaweng) gilt überall: »Wenn es Ihnen zu laut ist, sind Sie zu alt.« Weitere In-Plätze am Chaweng: Am gigantischen, aus Holz gebauten *Reggae Pub* hätte Bob Marley seine helle Freude. *The Club* heizt mit weit gefächertem Musikmix ein. Im *Green Mango* und vor allem im Technotempel Insider Tipp *Santa Fe,* der wie eine Aztekenburg gestylt ist, kreuzt die Szene erst auf, wenn die anderen Diskos gegen 2 oder 3 Uhr schließen. Am Lamai Beach können Sie sich im *Mix Pub* (auch Travestieshows und Thai-Boxen) unter vorwiegend thailändisches Publikum mischen, im *Bauhaus* auch Videos auf Riesenbildschirmen angucken und anschließend im *Rock Pub* den Rest der Nacht abtanzen.

AUSKUNFT

Tourism Authority of Thailand (TAT)
Tgl. 8.30–16 Uhr, Nathon, Nathon Rd. (rechts vom Pier bei der Post), Tel. 077 42 14 36

Internet
www.sawadee.com
www.samuiwelcome.com

ZIELE IN DER UMGEBUNG

Ang-Thong-Nationalpark **[121 D–E3]**
Der Archipel von 40 unbewohnten Inseln zwischen Samui und dem Festland ist schön zum Schnorcheln. Reisebüros bieten Tagestouren an. Am interessantesten ist eine Erkundung des Meeresparks mit dem Kajak.

Ko Phangan **[121 E3]**
Samuis kleinere Schwester (191 km^2) ist zwar nur eine halbe Stunde mit dem Fährboot entfernt, aber die beiden trennen Welten. Ko Phangan ist ein bergiger Dschungel im Meer, bewohnt von ein paar Tausend Fischern und Kokospalmenfarmern. Althippies und Tagebuchschreiber, Naturliebhaber, Meditierer, Zivilisationsflüchtlinge und »ganz normale« Urlauber belegen die meist spartanisch ausgestatteten Bungalows an den Stränden. Höhepunkt des Insellebens ist die monatliche *Vollmondparty am Rin Beach,* zu der auch gerne Polizisten und Touristen von Ko Samui herüberschippern. Wer nicht mindestens einen Ring im Ohr oder eine

Tätowierung vorweisen kann, gehört irgendwie nicht dazu, wenn der Strand beschallt wird, dass man es bis nach Bangkok hören kann.

Das mit Abstand beste Resort der Insel ist das *Panviman (50 Zi., Tel./Fax 077 37 70 48, €€)* am schönen, abgeschiedenen Strand von *Tong Nai Pan* im Nordosten der Insel. Ein kleines Touristendorf und die meisten Unterkünfte finden Sie am berühmt-berüchtigten Rin Beach. Eine akzeptable Unterkunft bietet dort das *Orchid Resort (€)*.

Ko Tao **[121 E2]**
Rings um die kleine Insel 60 km nördlich von Samui liegt das beste Tauchrevier im Golf von Siam. Sogar Walhaie lassen sich hin und wieder blicken. Unterkunft bieten viele einfache Resorts, z. B. *Ko Tao Cottage (Tel. 017 25 07 51, €)*. Fähren setzen von Ko Samui und Ko Phangan über.

KRABI

[120 C5] Die Festlandprovinz südlich von Phuket wartet mit der landschaftlich wohl schönsten Küste in ganz Thailand auf. Gewaltige Kalksteinmassive flankieren die Topstrände von Phra Nang und Railay, die nur mit dem Boot zu erreichen sind (vom Hauptstrand Ao Nang, ca. 10 Minuten). Da diese allerdings nur ein paar Hundert Meter lang sind, herrscht in der Hochsaison ziemliches Gedränge.

SEHENSWERTES

Ko Poda
Inselwinzling mit einem Felsenberg und schneeweißem Strand, ca. 20 Bootsminuten vom Ao Nang Beach entfernt. Gut zum Schnorcheln. Einzige Unterkunft: die 18 *Poda Bungalows (€)*, zu buchen über das *Krabi Resort (Ao Nang Beach, Tel. 075 63 70 30, Fax 075 63 70 51, €–€€)*.

Berge im Meer: Krabis Strände sind spektakulär

Phra Nang Cave und Princess Lagoon
In der Höhle am Phra Nang Beach steht ein Schrein mit gewaltigen Phalli aus Holz. Opfergaben sollen Kindersegen und sonstiges Glück bescheren. Nach einem beschwerlichen Aufstieg gelangen Sie auf die Spitze des 150 m hohen Felsenberges und können hinabschauen in eine Lagune, die bei Flut durch einen Tunnel mit Meerwasser gefüllt wird.

Tempel der Tigerhöhle
Wat Tam Sua ist ein Felsenkloster ca. 6 km außerhalb von Krabi-Stadt. Den Berg, in dessen Höhlen das Kloster teilweise integriert ist, können Sie über 1272 extrem steile Stufen erklimmen. Die Aussicht, mit der Sie belohnt werden, ist jeden Schweißtropfen wert.

ESSEN & TRINKEN

Die beste Auswahl haben Sie am Ao Nang Beach, der von der Provinzhauptstadt Krabi mit öffentlichen Bussen angefahren wird. Seafood-Lokale finden Sie in der *Soi Sunset* direkt am schmalen Nordende des Strandes. Idyllisch liegt das *Last Café* am Südende.

Insider Tipp

ÜBERNACHTEN

Preiswerte Unterkünfte finden Sie nur am Ao Nang Beach, am Railay Beach und am Nam Mao (Rückseite vom Phra Nang Beach).

Am Phra Nang Beach selbst liegt lediglich das Edelresort *Dusit Rayavadee* mit Bungalows ab ca. 1000 Euro.

Peace Laguna Resort
Zweckmäßige, mit Ventilator oder Aircondition ausgestattete Bungalows an einem Teich, fünf Minuten vom Strand entfernt. *38 Zi., Ao Nang Beach, Tel. 075 63 73 45, Fax 075 63 73 47,* €–€€

Sand Sea Bungalow
Einfache Steinbungalows mit Ventilator oder Aircondition. *60 Zi., Railay Beach, Tel. 017 22 01 14,* €–€€

Viewpoint
Saubere, gemauerte Bungalows mit Ventilator in Hanglage am hinteren Ende von Nam Mao. Von hier bietet sich ein schöner Blick auf die Bucht. *25 Zi., Tel. 017 22 01 15,* €

FREIZEIT & SPORT

Angeboten werden Kanutouren und Tauchgänge. Kletterer hangeln sich die Kalksteinmassive hoch. Anfängerkurse am Phra Nang Beach.

AUSKUNFT

Tourism Authority of Thailand (TAT)
In Krabi-Town. *Tgl. 8.30–16 Uhr, Utarakit Rd., Tel. 075 61 27 40*

PHUKET

[120 B–C5–6] Auf Thailands größter Insel (543 km²) erwarten Sie Topstrände gleich im Dutzend, eine abwechslungsreiche Landschaft, eine lebhafte Provinzhauptstadt und ein vielfältiges Freizeitangebot: Kein Wunder also, dass Phuket (215 000 Ew.) Südostasiens Urlaubsinsel Nr. 1 geworden ist. Ausführliche Informationen finden Sie im MARCO POLO Band »Phuket«.

Die MARCO POLO Bitte

WWF

Marco Polo war der erste Weltreisende. Er reiste in friedlicher Absicht, verband Ost und West. Er wollte die Welt entdecken, fremde Kulturen kennen lernen, nicht zerstören. Könnte er heute für uns Reisende nicht Vorbild sein? Aufgeschlossen und friedlich sollte unsere Haltung auf Reisen sein. Dazu gehören auch Respekt vor Mensch und Tier und die Bewahrung der Umwelt.

STRÄNDE

Der am besten erschlossene Strand und ein ziemlicher Rummelplatz ist der *Patong Beach* mit seinen Hotelburgen. Nicht ganz so lebhaft geht es an den Stränden von *Karon* und *Kata* zu. Relativ ruhig sind die Strände von *Ao Sane, Bang Tao, Kamala, Karon Noi, Kata Noi, Nai Harn, Nai Yang, Naithon, Pansea* und *Surin*.

SEHENSWERTES

Touristische Attraktionen finden Sie auf Phuket in großer Zahl: z. B. eine *Schlangenfarm (Patong Beach an der Straße nach Karon, Eintritt 100 Baht, mit Show 200 Baht)*, einen *Zoo (nahe Phuket-Stadt, Richtung Chalong, Eintritt mit Shows 400 Baht)*, eine *Krokodilfarm (Phuket-Stadt, Eintritt 80 Baht, mit Show 250 Baht)* oder eine *Schmetterlingsfarm (Phuket-Stadt, nördlicher Stadtrand, Eintritt 100 Baht)*. Im *Orchid Garden & Thai Village (Phuket-Town, Stadtrand Richtung Airport, Eintritt 250 Baht)* sind Folklore und Orchideen zu sehen.

Marine Biological Research Centre

Das auch *Phuket Aquarium* genannte Institut zieht Meeresschildkröten auf und hält Haie und kleine Fische in seinen Aquarien. *Tgl. 10–16 Uhr, Eintritt 20 Baht, nahe Phuket-Stadt beim Kap Phan Wa*

Mangrovendschungel

Insider Tipp

Am unbebauten *Mai Khao Beach* ganz im Norden können Sie im *Sirirat-Nationalpark* auf einem Plankensteg durch ein Stück Mangrovenwald wandern.

Kao Phra Thaeo Park

Der letzte Rest ursprünglichen Dschungels im Norden der Insel. Ein Wanderpfad führt zu Wasserfällen. Im *Gibbon Rehabilitation Center* werden als Haustiere missbrauchte Gibbons auf ein Leben in Freiheit vorbereitet.

Kap Promthep

Vom südlichsten Punkt der Insel knipsen Busladungen von Touristen die untergehende Sonne an. Gehen Sie lieber hoch ins *Promthep Cape Restaurant (Tel. 017 23 00 59, €)*, und genießen Sie die phantastische Aussicht bei einem Cocktail »Phuket Paradise«.

Insider Tipp

Phuket-Stadt

Im Zentrum der 60 000-Einwohner-Stadt stehen noch viele Bauten im sino-portugiesischen Baustil, die an die vergangene Zeit der Gummi- und Zinnbarone erinnern.

Wat Chalong

Im größten Kloster der Insel beim Dorf Chalong gibt es große Märkte zum thailändischen und chinesischen Neujahrsfest.

ESSEN & TRINKEN

Ka Jok Si

Insider Tipp

Hervorragende Thai-Küche in einem alten Stadthaus mit Atmosphäre. *Phuket-Stadt, Takua Pa Rd., Tel. 076 21 79 03, €–€€*

Luk Nut Restaurant

Gartenlokal mit authentischer Thai-Küche unter einem riesigen Gummibaum. An der Straße von Chalong nach Rawai hinter der Abzweigung zum *Island Resort. Vises Rd., Tel. 076/28 88 59, €*

Insider Tipp

Sawasdee Thai Restaurant
Hier wird Ihnen die *Royal Thai Cuisine* serviert, bei der auf die Optik der Speisen besonderer Wert gelegt wird. *Phuket-Stadt, Mae Luan Rd., Tel. 076 23 48 04,* €–€€

The Gallery Grill
Hoch überm Meer zwischen Kata und Kata Noi. Köstliche Kombination von thailändischer und mediterraner Küche. *Patak Rd., Tel. 076 33 09 75,* €€€

ÜBERNACHTEN

Nur wenige Resorts liegen direkt am Strand. Vor allem in der Zeit um den Jahreswechsel sollten Sie unbedingt vorbuchen.

Ao Sane Bungalows
Keinen Komfort, aber viel Natur (Schlangen, Frösche, Waldratten inklusive) gibt es in der halb verwilderten Anlage. Kleiner Schnorchelstrand, aber wegen der scharfkantigen Korallen und Felsen für kleine Kinder zum Baden extrem gefährlich. Wegen gelegentlicher lauter Partys nur jüngeren Leuten zu empfehlen. *23 Zi., Ao Sane Beach, Tel./Fax 076 28 83 06,* €

Bangtao Lagoon Bungalows
Weiträumige Anlage unter Kasuarinabäumen am Südende des Strandes. Schlichte Holzbungalows mit Ventilator oder nette Chalets mit Klimaanlage und TV, kleiner Pool. *50 Zi., 72/3 Choentalay District, Tel. 076 32 42 60, 076 32 44 81, Fax 076 32 41 68,* €–€€

Peach Hill Hotel & Bungalow
Ruhige Anlage am Hang, mit Pool. Zimmer mit Aircondition, Minibar, TV. Gutes Preis-Leistungs-Verhältnis. Fünf Minuten zum Strand. *126 Zi., Kata Beach, Patak Rd., Tel. 076 33 06 03, Fax 076 33 08 95, peachill@phuket.ksc.co.th,* €€

Insider Tipp

Sansabai Bungalows
Einfache Bungalows mit TV, Minibar, Aircondition oder Ventilator. Ruhige Lage nahe dem Zentrum, zehn Fußminuten zum Strand. *32 Zi., Patong Beach, Soi Sansabai, Rat Uthit Rd., Tel. 076 34 29 48, Fax 076 34 48 88,* €–€€

FREIZEIT & SPORT

Hier können Sie alle Arten von Wassersport ausüben. Phuket ist Thailands Zentrum für Tauchtourismus, da die Wasserqualität in der Andaman-See generell besser ist als im Golf von Siam. Sie können Gokart fahren (an der Straße zwischen Patong und Phuket-Stadt), Minigolf spielen (am Patong und Kata), Bowlen (Phuket-Stadt), Golfen (mehrere Plätze), Schießen und Reiten (Chalong). Mehrere Veranstalter bieten Elefantentrekking an.

AM ABEND

Das Nachtleben für Touristen mit Diskos (*Safari Pub, Shark Club, Titanic*) konzentriert sich auf den Patong Beach. Thais und auf Phuket ansässige Ausländer gehen gern ins *Timber & Rock* (*Phuket Town, Yaowaraj Rd., tgl. außer So ab 22 Uhr*). Fast ein »Muss« ist der erst 1999 eröffnete Themenpark *Fanta-Sea* (*Tel. 076 27 12 22, www.phuket-fantasea.com, Eintritt 1000 Baht, mit opulentem Buffet-Dinner 1500 Baht*) am Kamala Beach. Hier wird tgl. außer Di ab 21 Uhr bis zu

Insider Tipp

3000 Besuchern eine gigantische, märchenhafte Show u. a. mit einer dressierten Elefantenherde geboten (die Anlage selbst ist ab 17.30 Uhr geöffnet). Abholservice mit eigener Minibus-Flotte.

AUSKUNFT

Tourism Authority of Thailand (TAT)
Auch viele Broschüren von privaten Anbietern. *Tgl. 8.30–16.30 Uhr, Phuket-Stadt, Phuket Rd., Tel. 076 22 10 36, Fax 076 21 35 82*

Internet
www.phuket.com

ZIELE IN DER UMGEBUNG

Khao-Sok-Nationalpark **[120 C4]**
★ In diesem größten Dschungelgebiet des Südens blüht unter anderem die größte Blume der Welt, die *Rafflesia.* Es werden Bootstouren auf dem Stausee *Chieo Lan* angeboten. Den *Sok River* können Sie beim *Tubing* auf Lastwagenschläuchen hinabgondeln. Unterkunft finden Sie in rustikalen Resorts, z. B. in den Baumhäusern von *Tree Tops Jungle Safaris (Tel. 017 23 14 87, 075 39 64 25, Fax 075 39 64 26, Pauschalarrangements)* oder auch im *Rainforest Resort (5 Zi., Tel. 01 64 43 62, 075 61 27 30, Fax 075 61 29 14, €).* Der Park liegt etwa auf halbem Weg zwischen Phuket und Surat Thani am Golf von Siam.

Ko Phi Phi **[120 C6]**
★ Ja, es stimmt: Der Inselwinzling *Ko Phi Phi Don* wird von Tagesbesuchern geradezu überschwemmt. Aber die Hauptinsel und die unbewohnte Zwillingsinsel *Ko Phi Phi Le* sind von solch dramatischer Schönheit, dass Sie unbedingt von Phuket (oder Krabi) herüberschippern sollten. Im bunten Touristendorf auf der Hauptinsel (keine Autos) gibt es viele Tauchbasen und Unterkünfte, z. B. die 50 Bungalows von *Phi Phi Pavillon (Tel. 075 61 12 95, Fax 075 62 06 33, €€).* Absolut ruhig am Palmenstrand der Bucht von *Loh Bagao* liegt das *Phi Phi Island Village (80 Zi., Tel. 012 11 19 07, 076 21 50 14, Fax 076 21 49 18, €€).* Insider Tipp

Phang Nga **[120 C5]**
★ Bizarre Kalksteininseln ragen bis zu 300 m hoch aus dem Meer. Berühmt ist die *James Bond Island,* wo eine Szene für »Der Mann mit dem goldenen Colt« gedreht wurde. Hier können Sie außerdem Tropfsteinhöhlen und das Insel-Pfahldorf *Ko Pannyi* besichtigen. Diese einzigartige Bucht sollten Sie gesehen haben.

Das Pfahldorf Ko Pannyi in der Phang-Nga-Bucht

In die Berge und auf die Inseln

Die Touren sind in der Karte auf dem hinteren Umschlag und im Reiseatlas ab Seite 110 grün markiert

1 ALTE KULTUR UND WILDE NATUR

Auf dieser Rundfahrt durch den Norden können Sie auf den Spuren der alten Könige wandeln und wildes Bergland entlang der Grenze nach Myanmar erforschen. Da einige Abstecher über Pistenstraßen führen, sollten Sie sich einen Jeep mieten. Planen Sie für die ca. 1200 km lange Strecke mindestens sieben Übernachtungen ein. Nehmen Sie für die Fahrt in die Berge eine warme Jacke mit!

Ausgangspunkt ist die Metropole des Nordens, *Chiang Mai (S. 51)*. Auf dem Hwy. 106 Richtung Süden gelangen Sie nach *Lamphun (S. 54)*. Wahrzeichen der 660 n. Chr. gegründeten Hauptstadt des einstigen Haripunchai-Königreiches ist der Chedi des *Wat Phra That Haripunchai*. In Lamphun nehmen Sie den Hwy. 11 Richtung Lampang. Nach weniger als einer halben Stunde erreichen Sie das Dorf *Thung Kwian* und das *Thai Elephant Conservation Center*. Hier können Sie zuschauen, wie Elefanten ausgebildet werden *(Vorführungen tgl. 9.30 und 11 Uhr, Sa, So auch 14 Uhr)*. *Lampang* (45 000 Ew.) am Wang River, auch eine ehemalige Königsresidenz, liegt nur 100 km südöstlich von Chiang Mai, aber um die Provinzhauptstadt mit ihren Tempeln und alten Teakholzhäusern genießen zu können, empfiehlt sich eine Übernachtung (z. B. im *Thipchang, mit Pool, Thakrao Noi Rd., Tel. 054 22 65 01, €–€€)*. Eine Stadtrundfahrt können Sie – einmalig in Thailand – in bunt bemalten Pferdekutschen absolvieren. 20 km südwestlich von Lampang, beim Dorf Ko Kha, liegt das von einer Mauer umgebene *Wat Phra That Lampang Luang*, ein herausragendes Beispiel der nordthailändischen Lanna-Tempelarchitektur.

Der Hwy. 11 bringt Sie von Lampang durch dünn besiedeltes Reisbauernland weiter nach Südosten, bis er nach ca. 80 km auf den Hwy. 101 trifft. Biegen Sie rechts ab Richtung Sukhothai. Im Historischen Park von *Si Satchanalai (S. 49)* zeugen Tempelruinen von der großen Vergangenheit dieses Ortes. Stärken können Sie sich im Restaurant des *Wang Yom Resort*

Insel-Kleinod Ko Phi Phi Don

nahe beim Park. Nach einem Stopp im *Keramikmuseum von Sawankhalok* kommen Sie nach *Sukhothai (S. 48)*, der ersten Residenz eines Thai-Königreiches. Im Licht der Abend- oder Morgensonne können Sie die Stille des Parks genießen.

Wenn Sie auf dem Hwy. 12 nach Westen weiterfahren, sehen Sie in der Ferne schon die Berge. Die Provinzhauptstadt *Tak* (25 000 Ew.) hat außer der Statue von König Taksin (1734–1782) nicht viel zu bieten. Hinter Tak können Sie einen Abstecher (50 km Richtung Norden) zum von Bergen eingerahmten *Bhumipol-Staudamm* machen. Vom Hwy. 105 Richtung Mae Sot zweigt 12 km hinter Tak ein Weg links ab zum *Lansang-Nationalpark*, 25 km hinter Tak geht es zum *Taksin-Maharat-Nationalpark.*

Die 30 000-Einwohner-Stadt *Mae Sot*, nur 6 km von der Grenze zu Myanmar entfernt, gilt als wildeste Stadt in Thailands wildem Westen. Im Zentrum glitzert es an jeder Ecke: Mae Sot ist ein Zentrum für den Edelsteinhandel – aber vertrauen Sie nicht zu sehr darauf, dass alle Steine auch echt sind. Einen bunten Markt können Sie auch direkt am Grenzfluss Moei besuchen. Bestes Hotel der Stadt, mit Pool, ist das *Mae Sot Hill (120 Zi., Asia Rd., Tel. 055 53 26 01, Fax 055 53 26 00, €€)* 2 km nordöstlich vom Zentrum. Im Zentrum liegt das *Porn Thep (80 Zi., Soi Srivieng Rd., Tel. 055 53 25 90, Fax 055 53 25 96, €)*. Mae Sot ist Ausgangspunkt für abenteuerliche Trekking- und Raftingtouren in der Region Umphang 150 km weiter südlich. Informationen: *Max One Tour, 296/1 Intarakeeree Rd., Tel. 055 54 29 42, Fax 055 54 31 42*

Begegnung auf dem Highway

Von Mae Sot Richtung Norden folgt der Hwy. 105 dem Grenzfluss. Dies ist die einsamste Strecke in ganz Thailand – von Nachtfahrten wird abgeraten. Bevor Sie aufbrechen, sollten Sie sich in Mae Sot erkundigen, ob jenseits der Grenze Kriegszustand herrscht. Nach 114 km erreichen Sie das kleine Dorf *Mae Salid* (im Reiseatlas: *Mae Sarit*). Hier haben Sie das Gefühl, im Niemandsland zu sein, und wenn Ihnen das gefällt, können Sie im *Mae Salid Guesthouse (€)* übernachten. In Mae Salid zweigt eine Pistenstraße ab nach *Mae Ramoeng*, 32 km kurvt sie steil hinauf in die Berge. Wohnen können Sie in den schön gelegenen Holzbungalows des *Monkrating Resort (€)*. Da hierher oft tagelang keine Besucher kommen, erkundigen Sie sich vorher bei *Max One Tour* in Mae Sot nach dem Stand der Dinge.

Auch auf der 115-km-Strecke von Mae Salid nach *Mae Sariang* (8000 Ew.) werden Ihnen nicht viele Fahrzeuge begegnen. 70 schlichte, klimatisierte Zimmer bietet das *Mitaree Hotel (Mae Sariang Rd., Tel. 053 68 11 10, €)*. Spartanisch ausgestattet, aber schön am Yuam-

Flüsschen gelegen ist das *Riverside Guesthouse (16 Zi., Lhang Panich Rd., Tel. 053 68 11 88, €).* Eine Stichstraße führt von Mae Sariang 44 km nach Westen bis *Mae Sam Laep* am Fluss Salween, der hier die Grenze zu Myanmar markiert. Das abenteuerliche Nest mit seinen in die Uferböschung gepfählten Holzhäusern lebt vom Handel und vom Schmuggel. Wenn sich auf der anderen Seite des Flusses Burmesen und Rebellen bekriegen, verwandelt sich Mae Sam Laep aber eher in eine Geisterstadt. Fragen Sie vorher, ob die Gegend sicher ist (und ob der Monsunregen nicht etwa die Straße unpassierbar gemacht hat).

Auf dem Hwy. 108 sind es von Mae Sariang bis Mae Hong Son 165 km. Auch diese schmale Straße schlägt Haken wie ein Hase. Etwa auf halbem Weg können Sie sich in dem netten Marktstädtchen *Khun Yuam* stärken. Kurz hinter dem Ort zweigt rechts die Pistenstraße 1263 ab zu den drei Wasserfällen *Mae Yuam Luang* (nach 15 km), *Mae Ankhoe* (nach 25 km) und *Mae Surin* (nach 37 km) führt. Besonders schön ist diese Bergwelt im November, wenn überall Sonnenblumen blühen. Die Provinzhauptstadt *Mae Hong Son (S. 57)* ist nicht nur ein feines Plätzchen zum Verweilen, sondern auch idealer Ausgangspunkt für Trekkingtouren, z. B. in das sechs (anstrengende) Stunden entfernte Karen-Dorf *Hua Nam.*

Zwischen Mae Hong Son und Soppong (70 km) fahren Sie auf dem Hwy. 1095 wieder Achterbahn durch die Berge. Bevor es aber richtig aufwärts geht, können Sie 17 km hinter Mae Hong Son in der *Tham Pla* (»Fischhöhle«) große Karpfen mit Gemüseschnipseln füttern. *Soppong* ist ein lebhafter Ort, in den viele Angehörige der Bergvölker zum Einkaufen kommen. Auch von hier aus können Sie schöne Wanderungen zu den Bergstammdörfern unternehmen (Infos und Führer in den einfachen Gästehäusern, z. B. im *Lemon Hill).* Keinesfalls versäumen sollten Sie die 500 m lange Tropfsteinhöhle *Tham Lot (S. 58)* 8 km nördlich von Soppong hinter dem Dorf Ban Tham. Bei den Essständen vor der Höhle warten Führer, die Sie mit Gaslampen durch die Höhle lotsen *(ca. 100 Baht).* Die beste Informationsquelle für Touren in dieser höhlenreichen Gegend ist der Australier John Spiess. Er betreibt nahe der Tham Lot das Resort *Cave Lodge* (absolut spartanische Unterkunft, aber gutes Essen und nette Atmosphäre).

Das Städtchen *Pai,* 45 km hinter Soppong am Hwy. 1095, hat sich zu einem kleinen Zentrum für Trekking und Rafting auf dem Pai River entwickelt. Hier finden die zumeist jüngeren Touristen einfache Gästehäuser wie das *Shan Guest House (8 Zi., Tel. 053 69 91 62, €)* am südlichen Ortsende bei der Tankstelle, wo sich Chef Boonyang, ein gut Englisch sprechender Angehöriger des Shan-Volkes, um alles kümmert. Im Ort selbst lohnen die Shan-Tempel *Wat Luang* und *Wat Klang* einen Besuch. Mehrere kleine Restaurants bieten Müsli, Pizza und frische Brötchen an. Immer voll ist das *Thai Yai,* aber die Thai-Küche der Shan gibt es im *Home Style* oder an den Essständen beim Markt. Der Franzose Guy im *Chez Swan (Tel. 053 69 91 11, €)* serviert sogar Käse und organisiert Schlauchboottouren bis hinunter nach Mae Hong Son.

Die restlichen 130 km zurück nach Chiang Mai sind wieder eine abwechslungsreiche Berg- und Talfahrt, bis der Hwy. 1095 schließlich im breiten Tal des Ping-Flusses auf den Hwy. 107 trifft.

2 DIE INSELWELT DER ANDAMAN-SEE

Wie Smaragde auf blauem Samt liegen südöstlich von Phuket viele Inseln in der Andaman-See – ein Paradies für Inselspringer. Mit Fährbooten dauert keine der Etappen länger als ca. anderthalb Stunden. Fünf Tage sollten Sie sich für diese Rundreise (100 km zu Wasser und 200 km zu Land) schon gönnen. Packen Sie sich für die Paddeltour zwischen Ao Nang und Railay ein Picknick ein.

Durch die blaue See pflügen täglich viele Fähren von Phuket nach *Ko Phi Phi (S. 79)*. An Bord sind vor allem Tagesausflügler, aber nicht wenige bereuen es, dass sie sich für dieses Inseljuwel (28 km², bis zu 500 m hohe Berge) nicht mehr Zeit genommen haben. Zwar stürmen zur Mittagszeit Besuchermassen das Inseldorf *Laem Trong,* aber danach herrscht kein Gedränge mehr auf der von Läden, Tauchbasen und Restaurants gesäumten (einzigen) Hauptstraße. Kein Auto fährt hier, und die Straße verläuft nach etwa 50 m im wahrsten Sinn des Wortes im Sand. Viele der zumeist jüngeren Urlauber auf Phi Phi kommen zum Tauchen hierher. Wegen der starken Konkurrenz sind die Preise günstiger als auf Phuket. Abends trifft man sich in Kneipen und Bars, z. B. in der *Gecko Bar* für eine Beachparty oder im *Rolling Stoned,* das wie ein Adlerhorst an einer Felswand klebt. Gute, französisch angehauchte Küche gibt es im *Le Grand Bleu (€)* am Dorfeingang. Die *Pee Pee Bakery* backt knusprige Baguettes und leckeren Kuchen. Vom *Viewpoint* sehen Sie eines der beliebtesten Ansichtskartenmotive Thailands: die Zwillingsbuchten von *Tonsai* und *Lo Dalum,* die nur durch einen schmalen Palmenhain voneinander getrennt sind. Von hier können Sie zur malerischen *Ran-Ti-Bucht* hinabsteigen, wo nur ein paar Bambushütten stehen und Papa Sop ein Drei-Tische-Restaurant betreibt (bestellen Sie vorher ein Boot, das Sie wieder abholt).

15 Bootsminuten entfernt liegt das unbewohnte *Phi Phi Le* wie eine Felsenburg im tintenblauen Meer. Dort klettern in der *Viking Cave* Schwalbennestsammler an Bambusstangen in Schwindel erregende Höhen. Die *Maya Bay* ist der schönste Kessel der Welt: 200 m hohe Kalksteinwände bilden ein weites Rund. Unbewohnt ist auch der Winzling *Ko Pai* mit seinem Bambuswäldchen und einem Strand ohne Tagestouristen.

Auf *Ko Lanta (S. 70),* anderthalb Bootsstunden entfernt, sind die Strände nicht so weiß, das Wasser leuchtet nicht ganz so blau, aber dafür finden Sie hier den ultimativen Luxus: jede Menge Ruhe. Der schönste Platz am Hauptstrand von *Klong Dao* für einen Cocktail zum Sonnenuntergang ist die Bar *Black Cupid Laguna* am Südende. Mit einem gecharterten *longtail,* einem offenen Motorboot, können Sie die anderen Strände der ca. 20 km langen Westküste ansteuern.

Ein schöner Platz zum Entspannen: Black Cupid Laguna auf Ko Lanta

Die Fähre von *Ban Saladan* auf Lanta nach Krabi auf dem Festland hält ca. eine Stunde nach dem Ablegen auf offener See. Rechts sehen Sie einen langen grünen Hügel im Meer: *Ko Jum.* Steigen Sie in eines der Boote, die längsseits kommen, und fahren Sie mit auf dieses Dschungeleiland, das wie geschaffen ist für Einsamkeit auf Zeit. Die beiden einzigen Resorts *Joy Bungalow (16 Zi., Tel. 017 23 05 02, €)* und *New Bungalow (5 Zi., Tel. 014 64 42 30, €)* sind nur für absolut genügsame Menschen geeignet. *Mama* von *Mama Cooking* freut sich über Ihr Kommen, denn oft passiert es nicht, dass sie für *falang* eine Nudelsuppe kochen kann.

Von Ko Jum nimmt die Fähre wieder Kurs aufs Festland. In *Krabi (S. 75)* sollten Sie die von hohen Klippen eingerahmten Traumstrände von *Phra Nang* und *Railay* sehen. Ein besonderes Erlebnis ist eine Paddeltour entlang den Klippen zwischen Ao Nang und Railay. Legen Sie eine Picknickpause am unbebauten *Phai Plong Beach* ein. Im Hinterland von Krabi wird eine Kanutour durch Mangrovendschungel auf dem Gezeitenfluss *Klong Heng* Naturliebhaber begeistern.

Von Krabi fahren klimatisierte Busse in ca. zwei Stunden nach *Phang Nga.* Die kleine Provinzstadt ist Ausgangspunkt für eine Bootstour durch die gleichnamige Bucht *(S. 79)* mit ihren spektakulären Felsenbergen, die steil aus dem Meer ragen. Am Busbahnhof finden Sie das Büro von *Sayan Tour (Tel. 076 43 03 48).* Hier können Sie eine Bootstour arrangieren und sogar eine Übernachtung im Muslimdorf *Ko Pannyi,* das auf Pfählen an einen Felsen im Meer gebaut ist. Das fälschlicherweise oft als *Sea Gipsy Village* bezeichnete Dorf wird mittags zur Essenszeit von Tagestouristen regelrecht heimgesucht. Das beste Haus am Platz ist am Pier von *Tha Dan* das komfortable *Phang Nga Bay Resort (90 Zi., Tel. 076 41 20 67, Fax 076 41 20 57, €€).* Wer hier übernachtet, kann mit einem Charterboot die Bucht nach eigenem Fahrplan erkunden. In geradezu märchenhafter Schönheit präsentiert sich die bizarre Inselwelt bei Sonnenaufgang, wenn sich die Berge und Felsnadeln wie graue Riesen aus dem Meer zu erheben scheinen. Zurück nach Phuket fahren Busse den ganzen Tag über in ca. anderthalb Stunden.

100701

Trekking, Tauchen, Bungeejump

Ob zu Land, zu Wasser oder in der Luft, in den Bergen des Nordens oder an den Stränden des Südens: Hier kommen Aktivurlauber in Schwung

BUNGEEJUMP

Kopfüber stürzt man sich von einem 50 m hohen Mast in die Tiefe, gesichert nur mit einem Gummiseil um die Waden. Ein Sprung kostet ca. 15 Euro. Auf Ko Samui kann man sich dem Rausch der Höhe und der Tiefe bei *Jungle Bungee Catapult (Tel. 018 93 34 03)*, am Lamai Beach in der *Lamai Night Plaza* hingeben. Schöner ist die Anlage auf Phuket: Dort fällt man auf einen kleinen See zu und schnellt wieder nach oben, kurz bevor man die Wasseroberfläche erreicht (*Tarzan's Jungle Bungy Jump, Phuket, Kathu District (an der Straße nach Patong), Tel. 076 32 13 51)*.

FLOSSTOUR

Das Floß ist aus Bambus, die Hütte darauf mit Palmlaub gedeckt. Für drei Tage ist das rustikale Gefährt auch das Zuhause für Naturfreunde, die sich in Thailands Norden zwischen der Grenze zu Myanmar und der Provinzhauptstadt Chiang Rai mal so richtig treiben lassen wollen. Ausgangspunkt ist das Dorf Thaton, vier Busstunden nördlich von Chiang Mai. Ein Floß, zwei Führer und Verpflegung für vier Personen kosten ca. 175 Euro. *Mae Kok River Lodge, Thaton, Tel. 053 21 53 66, Fax 053 31 53 36; Thip Travel, Tel. 053 45 93 12*

GOLF

Zu einer Topdestination für Golftourismus hat sich Phuket entwickelt, wo man auf fünf Plätzen von internationalem Standard einlochen kann (Greenfee durchschnittlich rund 40 Euro). Auch in der Umgebung von Pattaya warten mehrere Plätze auf Golfer. Auf Ko Samui gibt es eine Anlage. Golfagenturen bieten Pauschalarrangements und ermäßigte Greenfees an.

Phuket: *Golf Orient, Chalong, Chaofah Rd., Tel. 076 38 31 47, Fax 076 38 31 47, www.golforient.com; Golfphuket.com, Chalong, 107/13 Patak Rd., Tel. 076 28 04 61, Fax 076 28 09 68, www.golfphuket.com;* Pattaya: *Diana Group Golf Center, Diana Inn, Second Rd., Tel. 038 42 96 75, Fax 038 42 45 66, www.golfasia. com;* Ko Samui: *Samui Golf Club and*

Südthailand ist ein Traumziel aller Segelbegeisterten

Driving Range, Ring Rd. (an der Ringstraße zwischen Chaweng und Bo Phut), Tel. 077 24 52 36

KLETTERN

Die Kalksteinklippen und senkrechten Felswände am Railey und Phra Nang Beach in der Provinz Krabi sind Thailands Mekka für Kletterer. Für Anfänger gibt es Schnupperkurse (halber Tag ca. 15 Euro) oder mehrtägige Kletterausbildung (drei Tage ca. 90 Euro). *Krabi Rock Climbing, Railey Beach, Tel. 075 63 71 76; King Rock Climbing, Railey Beach, Tel. 014 76 02 70*

SCHLAUCHBOOT-RAFTING

Insider Tipp Der Dschungel von Umphang 150 km südlich von Mae Sot (siehe auch »Ausflüge & Touren«, S. 82) im Grenzgebiet zu Myanmar gilt als der ursprünglichste in Thailand. Durch ihn windet sich der Mae Klong mal gemächlich, mal schäumend. Mehrere Veranstalter in Mae Sot und Umphang bieten Touren an, inklusive Camping auf Sandbänken am Fluss. Dreitägige Tour bei drei Teilnehmern: ca. 140 Euro pro Person. *Umphang Hill Resort, Tel. 055 56 10 63, Fax 055 56 10 65, umphang@cscoms.com*

SEGELN

Die Inselwelt der Andaman-See ist ein Dorado für Segelsportler. Mehrere Charterveranstalter und Yachtverleiher bieten ihre Dienste an (Tagescharter ohne Skipper ab ca. 300 Euro). Hobbie Cats, Laser, leichte Katamarane und Surfbretter kann man an den Stränden mieten. *Sail Asia Yacht Charters, Phuket Town, 35/7 Sakdidet Rd., Tel. 076 39 12 87, Fax 076 39 13 42, www.sailasia.com; Sunsail Yacht Charters, Phuket Boat Lagoon, 22/1 Thepkrasattri Rd., Tel. 076 23 90 57, Fax 076 23 89 40, www.sunsail.com*

SEE-KANU-TOUR

Besonders die Bucht von Phang Nga mit ihren Felsenbergen im Meer ist ein traumhaftes Kanurevier. Highlight sind die *hong*, Höhlen, in die man nur bei Ebbe hineinpaddeln kann. Tagestrips ab Phuket kosten ab 60 Euro aufwärts, dreitägige Touren mit Übernachtung auf dem Begleitboot oder in Zelten an einsamen Stränden ca. 500 Euro. Ko-Samui-Urlauber können durch die Inselwelt des Meeresnationalparks Ang Thong paddeln. Phuket: *SeaCanoe Thailand, Phuket Town, 367/4 Yaowarat Rd., Tel. 076 21 22 52, Fax 076 21 21 72, www.seacanoe.com* (mehrfach ausgezeichneter, international operierender Veranstalter von See-Kanu-Touren); Ko Samui: *Blue Stars Sea Kayaking, Chaweng Beach, The Gallery Lafayette, Beach Rd., Tel. 077 41 32 31, Fax 077 23 04 97*

TAUCHEN

Die besten Tauchreviere liegen in der Andaman-See in den Gewässern um Phuket. Die unbewohnten ★ Similan-Inseln nördlich von Phuket gehören weltweit zu den Topdestinationen. Aber auch rund um die Phi-Phi-Inseln und entlang der Küste bis hinunter zur malaysischen Grenze wartet eine bunte und artenreiche Unterwasserwelt auf Taucher. Bestes Tauchziel im

Fitness und Entspannung: In Thailand gibt es wunderschöne Paddelrouten

Golf von Siam ist die kleine Insel Ko Tao nördlich von Ko Samui. Tauchbasen gibt es auch in Pattaya und auf Ko Chang. Eine eintägige Ausfahrt mit zwei Tauchgängen kostet zwischen 60 und 75 Euro, ein drei- bis viertägiger Grundkurs zwischen 250 und 300 Euro.

Phuket: *Santana Diving Center, Patong Beach, 6 Sawadirak Rd., Tel. 076 29 42 20, Fax 076 34 03 60, www.santanaphuket.com* (renommierte Tauchschule unter deutscher Leitung, veranstaltet auch Kanutouren); Ko Phi Phi: *Barakuda Diving Center, Tonsai Village, Tel./ Fax 075 62 06 98* (deutsche Leitung); Ko Samui: *Easy Divers, Chaweng Beach, Beach Rd. (Filialen an den Stränden von Lamai, Bophut, Choengmon und Maenam sowie auf Ko Phangan und Ko Tao), Tel. 077 23 11 90, Fax 077 23 04 86, www. thai dive.com (Schweizer Management)*

TREKKING

Bergwandern durch die Wälder des Nordens ist ein großartiges Naturerlebnis. Aber mehr noch reizt viele Trekkingtouristen die Begegnung mit Bergstammvölkern, die in kleinen, abgelegenen Dörfern noch an ihren alten Traditionen festhalten. Kritiker dieser Form des Trekkingtourismus mögen bedenken, dass die Besucher den Dörflern durchaus willkommen sind. Schließlich haben sie in den Bergen nicht viele Möglichkeiten, ein paar Baht zu verdienen. Zentrum des Trekkingtourismus ist Chiang Mai mit Dutzenden von Agenturen. Allerdings muss man von dort aus erst ein paar Stunden Anfahrt über sich ergehen lassen, bevor man wirklich in den Bergen ist.

Wer zur Trekkingtour in Mae Hong Son oder Pai aufbricht, ist schon mitten in der Bergwelt. Die meisten Touren beinhalten auch einen Elefantenritt und Rafting auf Bambusflößen. Eine dreitägige Tour kostet bei sechs Teilnehmern etwa ab 35 Euro pro Person. Generell sollte man nur die Dienste von Agenturen annehmen, die bei der Tourist Authority of Thailand registriert sind.

Insider Tipp

Ein Königreich für Kinder

In Thailand kommen die Kleinen ganz groß raus

Die Thais sind ausgesprochen kinderlieb. Kein Einheimischer wird vorwurfsvoll den Blick heben oder gar zur Ruhe mahnen, wenn etwa in einem Restaurant Kindern herumtollen. Urlauber mit Kindern sind überall herzlich willkommen.

Wundern Sie sich nicht, wenn Thais Ihren Nachwuchs über den Kopf streicheln oder auf den Arm nehmen wollen. Die für westliche Kinder ungewohnte Zuneigung von Wildfremden kann manchmal sogar dazu führen, dass die Kleinen Reißaus nehmen. Aber die Freude der Thais an den Kindern der *falang* kommt von Herzen.

Gerade in kleineren Hotels und Strandresorts werden die kleinen Gäste oft wie Familienmitglieder behandelt und genießen alle Freiheiten. Nur zu gerne übernimmt jemand vom Personal einmal die Aufgabe des Babysitters. Unentgeltlich, versteht sich. Vor allem allein reisende Mütter – längst keine Seltenheit mehr in Thailand – werden dies zu schätzen wissen, wenn sie ein paar Stunden für sich haben wollen.

Die Kleinen sind die Größten im Königreich

Wenn Thais reisen, tun sie das meist mit Kind und Kegel. Vor allem preiswerte Unterkünfte sind darauf eingestellt. Sie bieten oft Zimmer mit drei Betten oder einem Doppel- und einem Einzelbett an. Auf Wunsch wird auch schon mal ein zusätzliches Bett aufgestellt oder zumindest noch eine Matratze ins Zimmer gelegt.

Fertige Babynahrung und Windeln können Sie in den Supermärkten der Tourismuszentren und größeren Städte kaufen. Ihren Kinderwagen sollten Sie nicht um die halbe Welt transportieren. Auf den notorisch schadhaft Gehwegen – falls überhaupt vorhanden – wird das Schieben eines Kinderwagens zur Tortur. Und oft ist auf den Gehwegen gerade in Tourismuszentren ohnehin kaum ein Durchkommen, weil sie mit den Souvenirständen fliegender Händler zugepflastert sind. Praktischer ist eine Kindertrage für Rücken oder Brust.

An den Stränden können sich die Kleinen austoben, und es gibt immer etwas für sie zu entdecken. Aber auch abseits von Sand und Meer finden Sie einige Attraktionen, an denen die Kinder ihre helle Freude haben dürften. Nachfolgend finden Sie eine Auswahl.

BANGKOK

Dream World **[115 D5]**
Ein riesiger Themenpark nicht nur für Kinder: Mit Nostalgie-Eisenbahn, Fantasialand, Traumgarten und der größten Floßrutsche in Asien – Attraktionen für einen ganzen Tag. *Nakhon Nayok Rd., Rangsit (Provinz Pathum Thani, etwa 10 Autominuten nördlich des Don Muang Airport), Tel. 025 33 11 52, 025 33 14 47, Mo–Fr 10–17 Uhr, Sa, So 10–19 Uhr, Eintritt 120 Baht, Kinder 95 Baht*

Insider Tipp **Fest-Essen für Kinder**
Mehrere große Hotels in Bangkok bieten für Familien zu ermäßigten Preisen sonntäglichen Lunch an, der für Kinder im wahrsten Sinn des Wortes ein Fest-Essen wird. Es gibt spezielle Kindermenüs und ein Programm das vom Clownauftritt über Talentwettbwerbe bis zu lustigen Spielen reicht. Bei Touristen kaum bekannt, aber beliebt bei ausländischen Familien, die in Bangkok leben. Veranstalter und Termine finden Sie in den Zeitungen »Bangkok Post« und »The Nation«.

Magic Land **[U D4]**
Ein Art Rummelplatz unterm Dach eines riesigen Shopping-Komplexes. Mit Wasserkanone, Box-Autos, Phantasiereise und Geisterhaus. *Mah Boonkrong Center, Phayathai Rd., Tel. 022 17 91 11, tgl. 10–21 Uhr. Für die Angebote müssen separate Tickets gekauft werden.*

OSTKÜSTE

Insider Tipp **Royal Garden Kids Club** **[118 C3]**
Spiel- und Erlebniswelt in einem der besten Hotels in Pattaya. Eltern, die mal Zeit für sich haben wollen, können hier Kinder im Alter zwischen 4 und 12 Jahren in die Hände von Betreuerinnen geben. *Royal Garden Resort, Pattaya 2 Rd., Tel. 038 41 21 20, tgl. 10–18 Uhr, Tagespreis inkl. Mittagessen 400 Baht*

Sriracha Tiger Zoo **[118 C2]**
Nicht nur ca. 100 Tiger, sondern auch 80 000 Krokodile, Elefanten und Schweine, die um die Wette rennen, sind hier zu bestaunen. Den Kindern dürften freilich die Babytiger am besten gefallen. Halbtagestouren zum Tigerzoo bieten auch die Reisebüros an. *341 Mu 3, Sriracha (Hwy. 3241, ca. 25 Minuten nördlich von Pattaya), Tel. 038 29 65 56, tgl. 9–18 Uhr, Eintritt 300 Baht, Kinder 200 Baht*

DER NORDEN

Elephant Camps
Im Umkreis bis zu ca. 50 km gibt es außerhalb Chiang Mais **[110 C3]** mehrere *Elephant Camps,* wo die grauen Riesen zeigen, was sie gelernt haben. Sie stapeln Baumstämme aufeinander, machen Männchen und spielen sogar Fußball. Und sie drehen mit den Besuchern auf ihrem Rücken eine Runde durchs Gelände. Die bekanntesten Camps sind *Mae Taman (Tel. 053 27 90 60), Chiang Dao (Tel. 053 29 85 53)* am Hwy. 107 nördlich von Chiang Mai, *Mae Sa (Tel. 053 29 70 60)* am Hwy. 1096 nordwestlich von Chiang Mai.

Organisierte Tages- oder Halbtagestouren schließen meist auch noch den Besuch einer Orchideenfarm und einer Schmetterlingsfarm mit ein (Angebote gibt es in jedem Reisebüro).

Love Animal House **[110 C3]**
Hier geht es weniger um eine Show als um das Verständnis für die Kreatur. Marianne Willemse gründete dieses Zentrum, in dem über 100 verwaiste Tiere betreut werden. Dem Schwarzbären »Teddy« ist der *Bearhugs Club* gewidmet. Mitglieder (Jahresgebühr 1000 Baht, Kinder 500 Baht) unterstützen dieses Hilfsprogramm und werden über aktuelle Ereignisse unterrichtet. Das Love Animal House bietet auch Familienwochenenden mit Lagerfeuer an und veranstaltet Kindergeburtstage. Besuch nur nach telefonischer Voranmeldung. *Mae Rim (ca. 20 km nördlich von Chiang Mai), Tel. 053 30 10 19, www.asiatradingonline.com/bearhugs.htm, Mo–Fr 13–15 Uhr, Eintritt (Spende) 500 Baht, für Mitglieder die Hälfte*

DER SÜDEN

Camp Laguna **[120 B6]**
Ein Dschungelgelände als Abenteuerspielplatz im Laguna Phuket Resort am Bang Tao Beach: Kinder ab 8 Jahren können hier unter professioneller Leitung Klettern lernen, an Seilen hangeln, Fußball spielen, Kanu fahren oder auch Sandburgen und Masken bauen und Batikmalerei lernen. *Phuket, Bang Tao Beach, Tel. 076 32 40 62, www.lagunaphuket.com/quest, Tagespreis (inkl. Mittagessen) 750 Baht, 50 Prozent Rabatt für Hotelgäste*

Dino Park **[120 B6]**
Große und kleine Dinofans werden an dieser Minigolfanlage mit künstlichem Vulkan ihre Freude haben. Saurier säumen den Kurs auf Schritt und Tritt. Man braucht nicht viel Phantasie, um sich in der Urzeit zu wähnen. *Phuket, Karon Beach, Tel. 076 33 06 25, tgl. 10–24 Uhr (der Vulkan erglüht nur bei Dunkelheit), Eintritt 300 Baht*

Samui Monkey Theater **[121 E3]**
Ein Affen-Theater, so ganz nach dem Geschmack von Kindern. Auch dressierte Elefanten zeigen Kunststücke. *Ko Samui, Ring Rd. beim Dorf Bo Phut (Abzweigung ausgeschildert), Tel. 077 24 51 40, Vorführungen tgl. 10.30, 14 und 16 Uhr, Eintritt 150 Baht, Kinder 50 Baht*

Siam Safari **[120 C6]**
Ob Elefantenreiten oder Landroverfahrten, Kanutouren oder der Besuch einer Gummibaumplantage: Die preisgekrönte Agentur hat vieles im Programm, was großen und kleinen Urlaubern Spaß macht. *Phuket, 70/1 Moo 10, Chao Fa Road, Chalong (an der Straße zum Airport), Tel. 076 28 01 16, www.phuket.com/safari/index.htm*

Elefanten sind Symbole des Glücks und der königlichen Macht – und sie nehmen gern ein Bad

Angesagt!

Was Sie wissen sollten über Trends, die Szene und Kuriositäten in Thailand

Immer ganz Ohr

Das Handy ist für viele Thais weit mehr als Kommunikationsgerät. Es ist Statussymbol. Also: völlig unverzichtbar. Ob im Restaurant, im Kaufhaus oder im Tempel – irgendwo bimmelt es immer, irgendwo quasselt immer jemand. Thais haben zu Statussymbolen ein genauso unverkrampftes Verhältnis wie zum Kitsch.

Rock und Reggae à la Thai

Die angesagteste Band Thailands: *Carabao*. Ihr Rock ist mal hard, mal soft, aber immer mit unüberhörbar thailändischem Einschlag. Der Sound geht auch den *falang* ins Ohr, die Worte freilich verstehen nur wenige: *Carabao* singt konsequent für Thais – auf Thai. *Carabao*-CDs finden Sie bei jedem Straßenhändler. Bislang nur im Süden Thailands für Furore sorgt *job 2 do*. Das Quintett von der Insel Phuket dürfte aber mit seiner Thai-Version der Reggae-Musik nicht lange nur ein regionaler Player bleiben: Die Musik reißt Thais wie *falang* vom Hocker.

Im Trend der Nacht

Viele Touristen kennen nur Bier- und Go-Go-Bars als Nightlife-Spots. Aber kein Thai, der auf sich hält, lässt sich dort blicken. Bangkoks Szene (außerhalb der Hauptstadt gibt es keine) trifft sich in gestylten Diskos, Pubs und Bars. Hier zeigt man sich lässig und zuckt auch nicht mit der Wimper, wenn ein Drink ein paar Hundert Baht kostet. Aber die Yuppies sind launisch: Etablissements, die ihre Klientel nicht bei Laune halten können, sind schneller out als ein Longdrink leer. Wie bleibt man auf dem Laufenden? Ein Blick ins englischsprachige »Metro Magazine« hilft. Das Trendheft gibt's an vielen Kiosken, es listet einmal im Monat auf, was in ist.

Schrill und schick

Wo gibt es die coolsten Klamotten, die neuesten Treter, das schrillste Outfit? Natürlich in Bangkok, denn nur dort werden Modetrends gemacht. Aber wer hip sein will, kann nicht einfach in irgendein Shoppingcenter laufen. Oder sich gar bei Straßenhändlern einkleiden, wie es die Touristen tun. Der Shoppingtempel der Hauptstadtjugend ist das Siam Center an der Rama I. Road. Preiswerter kleidet man sich auf der anderen Straßenseite im Siam Square ein, wo viele junge Designer in kleinen Shops ihre neuesten Kreationen anbieten.

Von Anreise bis Zoll

Hier finden Sie kurz gefasst die wichtigsten Adressen und Informationen für Ihre Thailandreise

ANREISE

Flugzeug

Fast alle europäischen und asiatischen Airlines fliegen Bangkok an. Lufthansa startet wie Thai Airways International täglich in Frankfurt, Letztere fliegt zusätzlich ab München. Ab Wien fliegt Lauda Air, ab Zürich Swissair. Auch Chartergesellschaften wie LTU und Condor bringen Sie nach Bangkok oder Phuket. Non-Stop-Flüge dauern ab Frankfurt knapp 11 Std., mit Zwischenlandungen ca. 2 Std. länger. Selbst in der Hauptsaison Dez./Jan. nimmt Sie eine renommierte Airline für ca. 900 Euro oder weniger mit an Bord. Billigflieger aus Osteuropa oder Asien bieten Tickets schon für rund 500 Euro an. Vom Flughafen Bangkok oder Phuket bringt Sie ein lizenzierter *Limousine Service* zum Festpreis in die Stadt bzw. zu den Stränden. Nach Bangkok und Phuket-Stadt fahren auch Flughafenbusse. Reguläre Taxis gibt es nur in Bangkok. Auch von Singapur, Kuala Lumpur, Penang (Malaysia) und Hongkong haben Sie ausgezeichnete Flugverbindungen nach Bangkok und Phuket.

Bahn

Von Singapur führt eine Bahnstrecke durch Malaysia bis nach Bangkok (Schlafwagenfahrt 2. Klasse ca. 60 Euro). Am stilvollsten reisen Sie im Nostalgie-Luxuszug *Eastern & Oriental Express (Fahrtdauer inkl. Zwischenstopps 3 Tage, Abfahrt So, ab 1400 Euro)*. Näheres erfahren Sie von der Gesellschaft in *50677 Köln, Sachsenring 85 (Tel. 0221/338 03 00, Fax 338 03 33, www.orientexpresstrains.com)*.

AUSKUNFT

Thailändisches Fremdenverkehrsamt

Das Büro der staatlichen Tourismusbehörde (Tourism Authority of Thailand, TAT) in Frankfurt ist auch für Österreich, die Schweiz und Osteuropa zuständig. Informationsmaterial auf Deutsch und Englisch wird kostenlos verschickt. *Bethmannstr. 58, 60311 Frankfurt, Tel. 069/138 13 90, Fax 28 14 68, www.tourismthailand.org, www.fat.or.th*

Tourism Authority of Thailand (TAT)

In Thailand ist die TAT in allen wichtigen Provinzhauptstädten mit Büros vertreten. Die Adressen finden Sie in den jeweiligen Kapiteln.

BAHN & BUS

Die wichtigsten Bahnstrecken führen von Bangkok nach Norden

(Schlafwagenfahrt 2. Klasse nach Chiang Mai ca. 13 Euro), in den Nordosten bis zur laotischen Grenze und nach Süden bis Malaysia und nach Singapur. Zugfahrpläne und -tarife: *www.srt.motc.go.th/httpEng/.* Mit Direktbussen erreichen Sie von Bangkok aus praktisch jede größere Stadt des Landes. Bequem sind die klimatisierten VIP-Busse mit Schlafsitzen (Bangkok–Phuket ca. 18 Euro).

BANKEN & KREDITKARTEN

Reiseschecks in Dollar, Euro oder Schweizer Franken werden von allen Banken gewechselt (Mo–Fr 8.30–15.30 Uhr, Wechselschalter oft bis 22 Uhr). Kreditkarten akzeptieren viele Geschäfte nur gegen einen (nicht korrekten!) Aufschlag von ein paar Prozent. Mit Kreditkarte und Reisepass kann man Bargeld in Landeswährung bekommen. Einfacher ist das Abheben mit Geheimnummer an den Geldautomaten *ATM (automatic teller machine). Visa* wird von allen großen Banken akzeptiert. Auch *Mastercard/Eurocard* ist weit verbreitet. Mit der *American Express Card* bekommen Sie nur bei den Filialen der *Bangkok Bank* Bargeld. Der Verlust von Kreditkarten sollte umgehend den Büros in Bangkok gemeldet werden. *American Express: Tel. 022 73 00 22, 022 73 00 44*; *Mastercard/Eurocard* und *Visa: Tel. 022 99 19 90, 022 73 74 48*

CAMPING

Ausgewiese Campingplätze sind in Thailand unbekannt. Allerdings ist es in den meisten Nationalparks erlaubt, Zelte aufzustellen.

DIPLOMATISCHE VERTRETUNGEN

Deutsche Botschaft
9 Sathorn Tai Rd., Bangkok 10120, Tel. 02 28 79 00, Fax 022 87 17 76, Mo–Fr 8–12 Uhr

Österreichische Botschaft
14 Soi Nandha, Sathorn Tai Rd., Bangkok 10120, Tel. 022 87 39 70, Fax 022 87 39 25, Mo–Fr 8 bis 12 Uhr

Schweizer Botschaft
35 North Wireless Rd., Bangkok 10330, Tel. 02/253 01 56-60, Fax 255 44 81, Mo–Fr 9–12 Uhr

EINREISE

Deutsche, Österreicher und Schweizer dürfen ohne Visum 30 Tage im Land bleiben. Der Reisepass muss noch sechs Monate gültig sein. Wer länger bleiben will, braucht ein *Touristvisum* (15 Euro, 60 Tage Aufenthalt). Bei plausibler Begründung wird auch ein *Non-Immigrant-Visum* ausgestellt (25 Euro, 90 Tage Aufenthalt). Bei der *Immigration* (Einwanderungsbehörde) in Bangkok und in allen wichtigen Provinzhauptstädten bzw. Touristenzentren können Sie Touristenvisa für 500 Baht um 30 Tage verlängern lassen. Kopien von der Passseite mit den Personalien und vom Visum sowie zwei Passfotos müssen vorlegt werden (Kopiergeschäft neben der *Immigration).* Wer seinen Aufenthalt überzieht, muss für den ersten Tag 110 Baht bezahlen, für den zweiten 400 Baht und für jeden weiteren 200 Baht. Keinesfalls sollte das Visum aber um Wochen überzogen werden: Dann drohen eine saftige Strafe oder gar Gefängnis. Visa stellen die diplomatischen Vertretungen Thailands aus (Antragsformulare kostenlos):

Deutschland
Königlich-Thailändische Botschaft: *Lepsiusstraße 64–66, 12163 Berlin, Tel. 030/79 48 10, Fax 79 48 15 11, Mo–Fr 9–12.30 Uhr, 14–16.30 Uhr*
Honorargeneralkonsulat: *Roßmarkt 14, 60311 Frankfurt, Tel. 069/201 10, Mo–Fr 9–12 Uhr*

Österreich
Königlich-Thailändische Botschaft: *Weimarer Straße 68, 1180 Wien, Tel. 01/34 83 61, Fax 310 39 35, Mo–Fr 9–12 Uhr*
Generalkonsulat: *Formenekgasse 12–14, 1190 Wien, Tel. 01/36 53 43, Mo–Fr 9–12 Uhr*

Schweiz
Königlich-Thailändische Botschaft: *Eigerstraße 60, 3007 Bern, Tel. 031/372 22 81, Fax 46 07 57, Mo–Fr 9–13 Uhr, 15–17 Uhr*
Generalkonsulate: *Talacker 50, 8002 Zürich, Tel. 01/211 70 60, Mo–Fr 9.30–11.30 Uhr*
20 Rue Senebier, 1205 Genf, Tel. 022/25 73 70

FLUGHAFENSTEUER

Bei Inlandsflügen wird eine *Passenger Service Charge* oder so genannte *Airport Tax* von 30 Baht erhoben. Die von der privaten Fluggesellschaft Bangkog Airways gebauten Flughäfen in Sukhothai und auf Ko Samui erheben bei Abflügen zu Inlandszielen sogar eine Gebühr von 400 Baht. Wer ins Ausland abfliegt, muss 500 Baht bezahlen.

FOTOGRAFIEREN

Bevor Sie Menschen fotografieren, sollten Sie höflich fragen. Farbfilme gibt es überall, Diafilme sollten Sie mitbringen. Farbfilme und Entwicklung sind günstiger als zu Hause. Ein-Stunden-Service ist Standard, ebenso, dass die Abzüge in Ansichtsmäppchen eingelegt werden.

GESUNDHEIT

Impfungen sind nicht vorgeschrieben. In Dschungelgebieten entlang der Grenze zu Myanmar und Kambodscha besteht Malariagefahr, die aber nicht so hoch ist, dass Sie deshalb auf eine Trekkingtour verzichten müssen. Bei ungeschütztem Geschlechtsverkehr besteht ein beträchtliches Risiko, sich mit einer Geschlechtskrankheit oder Aids zu

Was kostet wie viel?

Nudelsuppe	**65 Cent** für eine Schale aus der Garküche
Kaffee	**50 Cent** für eine Tasse
Wasser	**50 Cent** für eine Flasche Mineralwasser im Restaurant
Bier	**1,50 Euro** für eine Flasche (0,3 l) im Restaurant
Benzin	**45 Cent** für einen Liter Super
Briefmarke	**30 Cent** für eine Postkarte nach Europa

www.marcopolo.de

Das Reiseweb mit Insider-Tipps

Mit Informationen zu mehr als 4 000 Reisezielen ist Marco Polo auch im Internet vertreten. Sie wollen nach Paris, in die Dominikanische Republik oder ins australische Outback? Per Mausklick erfahren Sie unter www.marcopolo.de das Wissenswerte über Ihr Reiseziel. Zusätzlich zu den Reiseführerinfos finden Sie online:

- täglich aktuelle Reisenews und interessante Reportagen
- regelmäßig Themenspecials und Gewinnspiele
- Miniguides zum Ausdrucken

Gestalten Sie Marco Polo im Web mit: Verraten Sie uns Ihren persönlichen Insider-Tipp, und erfahren Sie, was andere Leser vor Ort erlebt haben. Und: Ihre Lieblingstipps können Sie in Ihrem Marco Polo Notizbuch sammeln. Entdecken Sie die Welt mit www.marcopolo.de! Holen Sie sich die neuesten Informationen, und haben Sie noch mehr Spaß am Reisen!

infizieren. Sie sollten kein Leitungswasser trinken, aber zum Zähneputzen können Sie es nehmen. Im Internet finden Sie Informationen unter *www.fit-for-travel.de.*

In Bangkok und den Touristenzentren praktizieren in Europa oder Amerika ausgebildete (Zahn-) Mediziner in modernsten Krankenhäusern *(Hospital).* Arztpraxen heißen *Clinic* bzw. *Polyclinic.* Die eigenständigen Zahnarztpraxen sind ebenfalls von hohem Standard, die Behandlung ist um einiges günstiger als in Deutschland. Fast alle Medikamente sind rezeptfrei zu haben und viel billiger als in Europa.

INLANDSFLÜGE

Fast alle größeren Städte und Urlaubsorte können Sie preiswert mit dem Flugzeug ab Bangkok erreichen. Das dichteste Netz unterhält Thai Airways International. Ein Flug von Bangkok nach Phuket kostet z. B. ca. 60 Euro. Nach Ko Samui fliegt nur Bangkok Airways (ihr gehört der dortige Flughafen) für ca. 75 Euro. Als dritte Inlandsfluggesellschaft wirbt PBAir um Kunden, sie fliegt z.B. nach Chiang Mai und Phuket zu etwas günstigeren Tarifen als Thai Airways. Als regionale Fluggesellschaft hebt Air Andaman zu Zielen in Südthailand ab.

Infos im Internet: *www.thaiairways.com, www.bkkair.co.th, www.pb.air.com, www.airandaman.com*

INTERNET

Internetcafés gibt es in Thailand fast so viele wie Sand am Meer, vor allem in den Tourismuszentren.

Schon vor der Reise haben Sie zu Hause viele Möglichkeiten, Infos über Thailand aus dem Netz zu holen. Empfehlenswerte Adressen sind z. B. *www.baanthai.com* (Hintergrundinformationen über Land und Leute bis zu Wechselkursen), *www.thailand.com* (Fülle praktischer Hinweise, auch Tipps für Restaurants und Nachtleben), *www.bangkokpost.com* (Website der englischsprachigen Hauptstadtzeitung mit aktuellen Nachrichten, Reiseinformationen und Eventterminen) und *www.thaiverein.ch* (Seite der Thailändisch-Schweizerischen Gemeinschaft Basel mit Themen vom Scheidungsrecht bis zum Wetter und Links zu allen thailändischen Regionen).

KINDERSCHUTZ

In den Barvierteln von Bangkok, Pattaya und Phuket laufen nachts Kinder von Bar zu Bar und verkaufen Zigaretten, Kaugummis oder Blumen. Die Kinderschutzorganisation *Childwatch Phuket (Tel. 076 20 25 59)* meint dazu: »Je mehr ihnen abgekauft wird, umso sicherer ist es, dass sie bis in den frühen Morgen arbeiten müssen. Es ist besser für die Kinder, ihnen nichts abzukaufen.« Und es ist auch nicht die schiere Not, die schon Fünfjährige zu Nachtarbeitern macht. Der Blumen- und Zigarettenverkauf ist normalerweise ebenso straff organisiert wie das Betteln.

KLIMA/REISEZEIT

In der »kühlen« Jahreszeit von November bis Februar liegen die Tagestemperaturen bei 30 Grad. Danach wird es bis ungefähr Mai sehr heiß bis 35 Grad (im Norden/Nordosten auch nachts). In der Regen-

Wetter in Bangkok

	Jan.	Feb.	März	April	Mai	Juni	Juli	Aug.	Sept.	Okt.	Nov.	Dez.
Tagestemperaturen in °C	32	33	34	35	34	33	32	32	32	31	31	31
Nachttemperaturen in °C	20	23	24	26	25	25	25	24	24	24	23	20
Sonnenschein Std./Tag	8	8	8	10	8	6	5	5	5	6	7	8
Niederschlag Tage/Monat	1	2	3	4	13	14	15	15	17	13	4	1
Wassertemperaturen in °C	26	27	27	28	28	28	28	28	28	27	27	27

zeit von Mai bis Oktober gehen die Temperaturen etwas zurück, aber dafür steigt die Luftfeuchtigkeit. Am ruhigsten ist die See von Dezember/Januar bis März/April. Ko Samui bekommt von November/ Dezember bis Mitte Februar die Ausläufer des Nordostmonsuns ab, dafür fällt aber die landesweite Regenzeit von August bis Oktober nicht sehr heftig aus, sodass der europäische Frühling und Sommer für Ko Samui die beste Reisezeit sind. Bedenken Sie, dass zu Monsunzeiten das Schwimmen im Meer lebensgefährlich werden kann! Das gilt insbesondere für Phuket.

LITERATUR

Jack Reynolds, A Woman of Bangkok (D. K. Bookhouse): Ein junger Engländer verliebt sich in ein Barmädchen und ruinert dadurch fast sein Leben. Roman und Lehrbuch über den Unterschied der Kulturen.

Steve Van Beek, Bangkok Then and Now (AB Publications): Mit historischen und aktuellen Fotos wird die Veränderung Bangkoks in den letzten 100 Jahren dokumentiert. Dazu Texte und alte Zeitungsartikel.

Charles Nicholl, Im Goldenen Dreieck (Rowohlt): Ein junger Schriftsteller unter Opiumhändlern, Schmugglern und Rebellen in Nordthailand. Einfühlsamer Abenteuerroman.

Pira Sudham, Monsoon Country (Rothershire Edition): Die Geschichte eines Bauernjungen aus dem armen Nordosten Thailands geht auf die sozialen, ökonomischen und politischen Umwälzungen im Land ein, thematisiert aber auch die kulturellen Spannungen zwischen Ost und West.

MEDIEN

Die Tageszeitungen »Bangkok Post« und »The Nation« informieren ausführlich über nationale Ereignisse und übers Weltgeschehen. Die in Thailand verlegte »Südostasien Zeitung« bringt wöchentlich Hintergrundberichte über Thailand und die Region sowie deutsche Nachrichten. In Touristenorten gibt es auch deutsche Zeitungen und Zeitschriften. Viele Hotels haben Satellitenfernsehen, über das Sie CNN, CNBC, BBC und die Deutsche Welle empfangen können.

MEHRWERTSTEUER

Viele der besseren Geschäfte, Restaurants und Hotels erheben auf den Preis eine Mehrwertsteuer (VAT= Value Added Tax) von 10 Prozent. Bei anderen heißt es *VAT included* (im Preis schon drin). Wer Waren im Wert von mindestens 5000 Baht einkauft (Reisepass vorzeigen!) und pro Geschäft mindestens 2000 Baht ausgibt, kann bei der Ausreise die VAT zurückbekommen – zumindest theoretisch. Waren und Rechnungen müssen vor der Ausreise dem Zoll präsentiert werden. Das kann aber eine Zeit und Nerven raubende Prozedur sein! Nicht ohne Grund warnt ein Zettel am VAT-Schalter im Bangkok Airport: »Wer die Beamten beleidigt, kann bestraft werden.«

MIETWAGEN

Viele einheimische und internationale Verleihfirmen wie Avis und Budget Rent A Car bieten Fahrzeuge an. Ein Toyota Corolla mit Klimaanlage kostet ca. 1800 Baht pro

Tag, ein offener Jeep zwischen 800 und 1000 Baht (bei längerer Mietzeit Rabatt). Abzuraten ist von Kleinverleihern, die Fahrzeuge ohne Versicherungsschutz anbieten. Achten Sie auf eine Versicherung, die sowohl Personen- als auch Sachschaden einschließt. Da es in Thailand keine allgemeine Versicherungspflicht gibt, ist der Ausländer bei einem Unfall oft der Dumme, da meist nur von ihm etwas zu holen ist. An den Linksverkehr gewöhnt man sich rasch, aber die oft äußerst riskante Fahrweise der Einheimischen erfordert ganz besondere Aufmerksamkeit. Pochen Sie nie auf Ihre Vorfahrt, und rechnen Sie immer damit, dass Ihnen Mopeds auf Ihrer Spur entgegenkommen. Ein internationaler Führerschein ist Vorschrift. Alternative zum Selbstfahren: ein Mietwagen mit Fahrer. Der Chauffeur ist für einen Achtstundentag oft schon für einen Aufpreis von etwa 600 Baht zu engagieren. Infos im Internet: *www.avisthailand.com, www.budget.co.th*

POST

Luftpostbriefe nach Europa bis 10 g kosten 17 Baht, Postkarten 15 Baht. Sie sind meist zwischen fünf und sieben Tagen unterwegs. Tarife für Pakete sind gestaffelt nach Gewicht und Beförderungsart (per Schiff oder Flugzeug). Luftpostpakete mit 5 kg kosten etwa 1200 Baht. Die meisten Postämter verkaufen genormte Pakete.

PREISE & WÄHRUNG

Der thailändische *Baht* wird in 100 *Satang* unterteilt. Im Umlauf sind Münzen zu 1, 5 und 10 Baht sowie

€	Baht
1	40
3	120
5	201
10	402
30	1 205
50	2 008
90	3 614
100	4 016
500	20 080

Baht	€
10	0,24
50	1,20
90	2,16
150	3,60
500	12,00
1 000	24,00
5 000	120,00
10 000	240,00
20 000	480,00

Scheine zu 20, 50, 100, 500 und 1000 Baht. Die 10-Baht-Scheine sind weitgehend aus dem Verkehr gezogen, Münzen zu 25 und 50 Satang erhält man fast nur in Supermärkten. Wechseln Sie ihr Geld erst am Urlaubsort selbst, am Zielflughafen wegen der ungünstigeren Kurse aber nur eine kleine Summe. Eine Schüssel Nudelsuppe aus der Garküche bekommen Sie für ca. 30 Baht, ein Reisgericht mit Fleisch und Gemüse in einfachen Restaurants für ca. 50 Baht. Ein Zwei-Gänge-Menü mit Nachtisch kostet selten mehr als 250 Baht. Im Supermarkt bekommen Sie eine kleine Flasche einheimischen Biers für 30 bis 40 Baht.

STROM

Die Netzspannung beträgt 220 Volt. Verwendet werden Stecker mit flachen Polen. Zwischenstecker gibt es in Elektrogeschäften.

TELEFON & HANDY

Telefonkarten zu 50, 100 und 200 Baht gibt es bei der Post und in vielen Geschäften. Bessere Hotels haben IDD-Telefone *(International Direct Dialling)*, über die der Gast direkt ins Ausland anrufen kann (z. T. erhebliche Aufschläge auf die offiziellen Tarife!). Bei der Post bzw. im *Telecommunications Centre* kostet eine Minute nach Europa 46 Baht. Handybesitzer haben in Thailand fast überall eine gute Verbindung. Handys wählen sich automatisch in das Netz des jeweiligen Partners Ihres Mobilfunkanbieters ein. Sie zahlen für In- und Auslandsgespräche die Gebühren der ausländischen Gesellschaft plus den Anbieterzuschlag (bei D 1 z. B. 25 Prozent plus Mehrwertsteuer). Die Handy-Telefongebühren sind im Schnitt niedriger als die Tarife der Hoteltelefone (Auskunft bei Ihrer Telefongesellschaft). Werden Sie auf dem Handy angerufen, zahlt der Anrufer nur die Inlandsgebühren; den Kostenanteil für die Weiterleitung ins ausländische Netz begleichen Sie.

Vorwahl nach Deutschland 00149, nach Österreich 00143, in die Schweiz 00141, dann die Ortsnetzkennzahl ohne die Null. Vorwahl aus dem Ausland nach Thailand 0066, dann die Vorwahl der Provinz (mit der Null). Seit Mitte 2001 muss in Thailand auch bei Ortsgesprächen die Ortsvorwahl (mit der Null) mitgewählt werden.

TOURISTENPOLIZEI

Speziell für Touristen zuständig ist die *Tourist Police,* die landesweit unter der Telefonnummer *1155* verständigt werden kann.

TRINKGELD

Trinkgeld, der *tip,* ist in sehr einfachen Lokalen oder an Essständen nicht üblich. Viele bessere Restaurants erheben eine *service charge* (Bedienungszuschlag) von 10 Prozent. Hier sollte man nur Trinkgeld geben, wenn die Bedienung außergewöhnlich aufmerksam war. In Restaurants ohne Service Charge, aber mit gutem Service sind 10 Prozent Trinkgeld angemessen. Auch viele Hotels schlagen auf den Zimmerpreis eine zehnprozentige Service Charge auf. Gleichwohl freuen sich Gepäckträger oder Roomboy über einen kleinen Schein. Trinkgeld für Taxifahrer ist nicht üblich, schon gar nicht, wenn der Preis erst ausgehandelt werden musste.

ZEIT

Thailand ist der Mitteleuropäischen Zeit um sechs Stunden voraus (in der Sommerzeit um fünf Stunden).

ZOLL

Bei der Einreise müssen Devisen im Wert von über 10 000 US-Dollar deklariert werden. Gegenstände des persönlichen Bedarfs dürfen zollfrei eingeführt werden. Offiziell gehören dazu auch eine Kamera und (nur) fünf Filme. Kontrollen sind bei der Einreise aber selten, und erfahrungsgemäß gibt es auch bei mehr Filmen keine Beanstandung. Strikt verboten: Waffen, Drogen, Pornografie. Die Ausfuhr von Buddhastatuen ist verboten, für Antiquitäten und Tierprodukte braucht man eine Genehmigung.

Zollfreie Mengen in die EU (die Schweiz): 200 Zigaretten oder 50 Zigarren oder 250 g Tabak, 1 l Alkohol über und 2 l Alkohol unter 22 (Schweiz: 15) Prozent, 50 g Parfum oder 250 g Eau de Toilette sowie Geschenkartikel und Souvenirs im Wert von 175 Euro (100 Franken).

Do you speak English?

»Sprichst du Englisch?«
Dieser Sprachführer hilft Ihnen, die wichtigsten Wörter und Sätze auf Englisch zu sagen

Zur Erleichterung sind alle Wörter mit einer einfachen Aussprache (in Klammern) versehen. Folgende Zeichen sind Sonderzeichen:

ə nur angedeutetes »e« wie in bitte
θ [s] gesprochen mit der Zungenspitze zwischen den Zähnen

AUF EINEN BLICK

Ja./Nein.	Yes. [jäs]/No. [nəu]
Vielleicht.	Perhaps. [pə'häps]/Maybe. ['mäibih]
Bitte.	Please. [plihs]
Danke.	Thank you. ['θänkju]
Vielen Dank!	Thank you very much. ['θänkju 'wäri 'matsch]
Gern geschehen.	You're welcome. [joh 'wälkəm]
Entschuldigung!	I'm sorry! [aim 'sori]
Wie bitte?	Pardon? ['pahdn]
Ich verstehe Sie/dich nicht.	I don't understand. [ai dəunt andə'ständ]
Ich spreche nur wenig ...	I only speak a bit of ... [ai 'əunli spihk ə'bit əw]
Können Sie mir bitte helfen?	Can you help me, please? ['kən ju 'hälp mi plihs]
Ich möchte …	I'd like … [aid'laik]
Das gefällt mir (nicht).	I (don't) like it. [ai (dəunt) laik‿it]
Haben Sie …?	Have you got …? ['həw ju got]
Wie viel kostet es?	How much is it? ['hau'matsch is it]
Wie viel Uhr ist es?	What time is it? [wot 'taim is it]

KENNENLERNEN

Guten Morgen!	Good morning! [gud 'mohning]
Guten Tag!	Good afternoon! [gud ahftə'nuhn]
Guten Abend!	Good evening! [gud 'ihwning]
Ich heiße …	My name is … [mai näims …]
Wie ist Ihr/dein Name?	What's your name? [wots joh 'näim]
Wie geht es Ihnen/dir?	How are you? [hau 'ah ju]

Danke. Und Ihnen/dir?	Fine thanks. And you? ['fain θänks, ənd 'ju]
Es freut mich, Sie kennen zu lernen.	Pleased to meet you. ['plihsd tə 'miht ju]
Auf Wiedersehen!	Goodbye!/Bye-bye! [gud'bai/bai'bai]

UNTERWEGS

Auskunft

links/rechts	left [läft]/right [rait]
geradeaus	straight on [sträit 'on]
	Excuse me, where's …, please? [iks'kjuhs 'mih 'weəs … plihs]
Hauptbahnhof	main station ['mäin 'stäischn]
Hafen	port [poht]
Wie weit ist das?	How far is it? ['hau 'fahr‿is‿it]
Ich möchte ein Auto mieten.	I'd like to hire a car. [aid'laik tə 'haiə ə 'kah]
Wo ist die nächste Tankstelle?	Where's the nearest petrol station? ['weəs θə 'niərist 'pätrəlstäischn]

Panne

Ich habe eine Panne.	My car's broken down. [mai 'kahs 'brəukn 'daun]

Thai

Für alle Fälle: das Wichtigste in der Landessprache

Kursives (männliche Form) ist bei Bedarf entsprechend durch […] (weibliche Form) zu ersetzen

Ja./Nein.	*kap [ka]*, tschai/mai tschai	ครับ(ค่ะ) ใช่/ไม่ใช่
Bitte./Danke.	koo … noi/kop khun *kap [ka]*	ขอ…หน่อย/ขอบคุณครับ(ค่ะ)
Entschuldigung!	koo thoot	ขอโทษ !
Guten Tag!/Guten Abend!	sawadii *kap[ka]*	สวัสดีครับ(ค่ะ)
Auf Wiedersehen!	sawadii	สวัสดี !
Ich heiße …	tschan dschu …	ฉันชื่อ …
Ich komme aus …	tschan ma dschag …	ฉันมาจาก ……
… Deutschland.	… pratet Jeraman	ประเทศเยอรมัน
… Österreich./Schweiz.	… pratet Austria/Switzerland	ประเทศออสเตรีย/ประเทศสวิส
Ich verstehe Sie nicht.	tschan mai kautschai khun	ฉันไม่เข้าใจคุณ
Wie viel kostet es?	ni laka taulai	นี่ราคาเท่าไร ?
Bitte, wo ist …?	koo toot *kap [ka]* … juu thi nai	ขอโทษครับ(ค่ะ) … อยู่ที่ไหน ?

1	nüng	หนึ่ง	5	haa	ห้า	9	gau	เก้า
2	soong	สอง	6	hok	หก	10	sip	สิบ
3	saam	สาม	7	dschet	เจ็ด	20	jii sip	ยี่สิบ
4	sii	สี่	8	bäät	แปด	100	nüng loi	หนึ่งร้อย

Der Wagen springt nicht an.	The car won't start. [θə 'kah wəunt start]
Können Sie mal nachschauen?	Could you have a look? ['kud‿ju 'häw‿ə'luk]
Die Batterie ist leer.	The battery is flat. [θə 'bätəri is flät]
Gibt es hier in der Nähe eine Werkstatt?	Is there a garage nearby? ['is θeə‿ə 'gärahdsch 'niərbai]

Unfall

Hilfe!	Help! [hälp]
Rufen Sie bitte einen Krankenwagen.	Please call an ambulance. ['plihs 'kohl ən 'ämbjuləns]
Haben Sie Verbandszeug?	Have you got a first-aid kit? [həw ju got ə 'föhst'äid kit]
Geben Sie mir bitte Ihren Namen und Ihre Anschrift.	Please give me your name and address! [plihs giw mi joh 'näim ənd ə'dräs]

ESSEN

Wo gibt es hier …	Is there … here? ['is θeər … 'hiə]
… ein gutes Restaurant?	… a good restaurant [ə 'gud 'rästərohng]
… ein typisches Restaurant?	… a restaurant with local specialities [ə 'rästərohng wiθ 'ləukl ,späschi'älitis]
Reservieren Sie uns bitte für heute Abend einen Tisch für drei Personen.	Would you reserve us a table for three for this evening, please? ['wud ju ri'söhw əs ə 'täibl fə 'θrih fə θis 'ihwning plihs]
Was können Sie mir empfehlen?	What can you recommend? ['wot kən‿ju räkə'mänd]
Auf Ihr Wohl!	Cheers! [tschiəs]
Bezahlen, bitte.	Could I have the bill, please? ['kud ai häw θə 'bil plihs]

EINKAUFEN

Wo finde ich …?	Where can I find …? ['weə 'kən‿ai 'faind …]
Apotheke	chemist's [kämists]
Fotoartikel	photographic materials [,fəutə'gräfik mə'tiəriəls]
Markt	market ['mahkit]

ÜBERNACHTUNG

Können Sie mir bitte ein Hotel empfehlen?	Can you recommend a hotel, please? ['kən‿ju räkə'mänd ə həu'täl plihs]
Ich habe bei Ihnen ein Zimmer reserviert.	I've reserved a room. [aiw ri'söhwd‿ə 'ruhm]

Haben Sie noch …	Have you got … [həw ju got]
… ein Doppelzimmer	… a double room [ə 'dabl ruhm]
… mit Dusche/Bad?	… with a shower/bath? [wiθ ə 'schauə/'bahθ]
… für eine Nacht?	… for one night? [fə wan 'nait]
Kann ich das Zimmer ansehen?	Can I see the room? [kən‿ai 'sih θə 'ruhm]
Was kostet das Zimmer mit Frühstück?	How much is the room with breakfast? ['hau 'matsch is θə ruhm wiθ 'bräkfəst]

PRAKTISCHE INFORMATIONEN

Können Sie mir einen guten Arzt empfehlen?	Can you recommend a good doctor? [kən ju ,räkə'mänd ə gud 'doktə]
Ich habe hier Schmerzen.	I've got pain here. [aiw got päin 'hiə]
Wo ist hier bitte …	Where's the nearest … [weəs θə 'niərist]
… eine Bank?	… bank? [bänk]
… eine Wechselstube?	… exchange office? [iks'tschäinsch‿ofis]
Ich möchte … Euro (Schweizer Franken) wechseln.	I'd like to change … Euros (Swiss francs). [aid laik tə tschäinsch … 'juhros ('swiss 'fränks)]
Was kostet ein Brief/ eine Postkarte nach Deutschland?	How much is a letter/postcard to Germany? ['hau 'matsch is ə 'läta/ 'pəustkahd tə 'dschöhməni]
Briefmarke	stamp [stämp]

ZAHLEN

0	zero, nought [siərəu, noht]	18	eighteen [,äi'tihn]
1	one [wan]	19	nineteen [,nain'tihn]
2	two [tuh]	20	twenty ['twänti]
3	three [θrih]	21	twenty-one [,twänti'wan]
4	four [foh]	30	thirty ['θöhti]
5	five [faiw]	40	forty ['fohti]
6	six [siks]	50	fifty ['fifti]
7	seven ['säwn]	60	sixty ['siksti]
8	eight [äit]	70	seventy ['säwnti]
9	nine [nain]	80	eighty ['äiti]
10	ten [tän]	90	ninety ['nainti]
11	eleven [i'läwn]	100	a (one) hundred ['ə (wan) 'handrəd]
12	twelve [twälw]	1000	a (one) thousand ['ə (wan) 'θausənd]
13	thirteen [θöh'tihn]	1/2	a half [ə 'hahf]
14	fourteen [,foh'tihn]	1/4	a (one) quarter ['ə (wan) 'kwohtə]
15	fifteen [,fif'tihn]		
16	sixteen [,siks'tihn]		
17	seventeen [,säwn'tihn]		

Reiseatlas Thailand

Die Seiteneinteilung für den Reiseatlas finden Sie auf dem hinteren Umschlag dieses Reiseführers

Kartenlegende Reiseatlas

Autobahn, mehrspurige Straße - in Bau Highway, multilane divided road - under construction		Autoroute, route à plusieurs voies - en construction Autosnelweg, weg met meer rijstroken - in aanleg
Fernverkehrsstraße - in Bau Trunk road - under construction		Route à grande circulation - en construction Weg voor interlokaal verkeer - in aanleg
Hauptstraße Principal highway		Route principale Hoofdweg
Nebenstraße Secondary road		Route secondaire Overige verharde wegen
Fahrweg, Piste Practicable road, track		Chemin carrossable, piste Weg, piste
Straßennummerierung Road numbering	E20 11 70 26 5 40 9	Numérotage des routes Wegnummering
Entfernungen in Kilometer Distances in kilometers	259 130 129	Distances en kilomètres Afstand in kilometers
Höhe in Meter - Pass Height in meters - Pass	1365	Altitude en mètres - Col Hoogte in meters - Pas
Eisenbahn - Eisenbahnfähre Railway - Railway ferry		Chemin de fer - Ferry-boat Spoorweg - Spoorpont
Autofähre - Schifffahrtslinie Car ferry - Shipping route		Bac autos - Ligne maritime Autoveer - Scheepvaartlijn
Wichtiger internationaler Flughafen Major international airport		Aéroport importante international Belangrijke internationale luchthaven
Flughafen Airport		Aéroport Luchthaven
Internationale Grenze - Provinzgrenze International boundary - Province boundary		Frontière internationale - Limite de Province Internationale grens - Provinciale grens
Unbestimmte Grenze Undefined boundary		Frontière d'Etat non définie Rijksgrens onbepaalt
Zeitzonengrenze Time zone boundary		Limite de fuseau horaire Tijdzone-grens
Hauptstadt eines souveränen Staates National capital	MANILA	Capitale nationale Hoofdstad van een souvereine staat
Hauptstadt eines Bundesstaates Federal capital	Kuching	Capitale d'un état fédéral Hoofdstad van een deelstat
Sperrgebiet Restricted area		Zone interdite Verboden gebied
Nationalpark National park		Parc national Nationaal park
Besonders sehenswerter Ort Place of particular interest	Pattaya	Localité pittoresque Zeer bezienswaardige plaats
Sehenswerter Ort Place of interest	Tagaytay	Localité remarquable Bezienswaardige plaats
Besondere Sehenswürdigkeit Object of particular interest	Ko Phuket	Curiosité intéressante Bijzonder bezienswaardigheid
Antikes Baudenkmal Ancient monument		Monuments antiques Antiek monument
Sonstige Sehenswürdigkeit Other object of interest		Autres curiosités Overige bezienswaardigheden
Brunnen Well		Puits Bron

A
B
C
1
2
3
4
5
6
50 km
MYANMAR
Nam Taung
Wan Hsa-la
1854
Langhko
1839
Möng Pan
Hong Ton
45
Wan Hat
Mawkmai
1711
2458
98
48
+6h30 Gr.Time
Me-kin
+7h Gr.Time
1979
Mai-hokton
Thanlwin Myit (Salween)
1885
Möng Hta
Namaklwe
Ta-hsopteng
Dawhku-li
Pong Hs-se
Na-kenglong
Na Wai
76
Mae Aw
Tham Lot
Mae Suya
Soppong
Nam Kai
1095
1955
Pai
Wan Nga-sang
Doi Chiang Dao
Chiang Dao
Phrao
2175
37
Sop O Nok
Mae Hong Son
Pang Mafei
107
2005
Luang
Bawlake
Ywathit
Wan Hwe-un
Pha Mong
108
Mae Taeng
Pa Pae
Mae Pong
Mae Cha
60
Doi Suthep-Doi Pui
Mae Nam Ping
Mae Surin
Mae Surin
Po Ka Nua
Mae Rim
118
Mae Sa Valley
Nat. Park
36
Pasawng
924
Khun Yuam
Samoeng
CHIANG
Doi Sa
1772
70
Saraphi
Pantin Sakan
Tha Hin Som
Doi Inthanon
San Pa Tong
50
26
Myintabye
Hua La
1561
Doi Inthanon
National Park
Lamphun
2565
Chom Tong
Pa Sang
86
11
1
Mae Su
Sop Wak
Tun
1130
Mae La Noi
Khao Om Phai
Mae Chaem
35
Fai Paen
Mae Tha
108
1563
30
108
Pha Pum
Om Khut
Ban Hong
Hang
Nakop
Hua Yung
Huai Khrai
Mae Sariang
Mae La
Mae Sanam
Hot
Wat Phra
Lampang Luan
Papun
95
Pu Suk
Doi Tao
Pang
Ko
Mae Sam Laep
Mae Pok
Sop Moei
Mae Doi Tao Tub Res.
Thuns Hua Chang
1585
1187
Peinnegyaung
Mae Tia
106
Om Koi
Li
Lawabauk
100
Thoen
Ban Tha Song Yang
Mae Ramoeng
Mae Pu
Mae Sarit
Phumiphon Res.
Pang
97
Kamamaung
Kamawlechaung
105
Mae Phrpik
Shwebun
Khothawkhi
Tha Song Yang
Sam Ngao
Bhumipol Dam
38
Thamo
Mae Nam Ping
Thaygon
Daingbya
Kahta
Ban Ta
Koso
1918
Powepaw
Mae Ramat
THATON
Karen
39
Pa-an
Tak
8
237
114
110
Kyauktan
723
72
Kawtamaun
Natkyon
Kyaikpaun
Zingyaik
Kawparan
105
Lan Sang N.P.
Mae Sot
Khao Chomphu

D
E
F
1
2
3
4
5
6
LAO
Tachilek
Muang Mam
1550
Ban Muang Kan
Ban Ta Fa
B.Bong
Tum
Mae Sai
Ton Phoung
Mae Salong
Chiang Saen
Chiang Khong
Ban Houayxay
Tha
Ban Kheun
Mae Chan
110
Chiang Rai
Wiang Chai
1837
Muang Pakbèng
Mènam Kohng (Mekong)
Sop Huai
1687
Ban Pakkhop
Thoeng
Muang Höngsa
282
Xieng Hon
Mae Suai
Doi Luang Nat. Park
Chiang Kham
Phan
Pa Daet
1575
Thung Chang
2153
91
Hae
Mae Chai
Chun
2100
Doi Phukha Nat. Park
Dok Kham Tai
Pua
2121
Phayao
Pong
Tha Wang Pha
Huai Khian
2165
Wang Nua
52
Rai Na Dieo
Santi Suk
Chian Muan
1
1880
Pa Poei
1360
Pan Nua
1927
Chae Hom
Doi Luang
1396
Nan
Ngao
Nam Poon
Hok
Elephant Training Centre
101
Mae Charim
Huai
Wiang Sa
Huai Luang
Ban Pa Daeng
Kiu Lom Res.
Pang La
58
106
Song
79
Pang Mon
Huai
Tha Si
75
Dam
Cham Kha
Huai Kast
Sali
1073
1315
Rong Kwang
Lampang
Huai Lat
Na Noi
4
Mae Mo
47
Muang Pak-Cay
Sirikit Res.
Phrae
ae Tha
11
Lang
Den Chai
Sung Men
69
Fak Tha
Khang Ta Na
225
Phu Yen
rap
11
1032
55
Wang Chin
101
11
Tha Pla
43
Ban Hut Taphu
ae
879
Ken Thao
58
Nam Pat
Ban Pak Pat
hiat
Pou Kho
285
44
1037
Uttaradit
Bo Muang Nai
Tha Li
Satchanalai
102
Si Satchanalai
Nam Phi
Huai Kan Luang
Tron
Na Haeo
Phu Rua
Sawankhalok
Thung Saliam
Huai Tha Nuat
Nam Tok Chat Trakan N.P.
Namuang
75
Dan Sai
Phichai
Chat Trakan
Pong Chi
Nong Kachot
60
Si Samrong
92
Dan Hoi
Sukhothai Historical Park
Nakhon Thai
Phrom Piram
2
Kong Krailat
Wat Bot
Sukhothai
55
Nong Kwang Li
Thung Salaeng Luang Nat.P.
Yaeng
Lom Kao
156
40
Pak Yang
55
PHITSANULOK
10
111
115
49
Lom Sak
Khiri Mat
Bang Rakam

A
B
C
1
2
3
4
5
6
Ban Pak-ou
Ban Pakxvang
Ban Sôphé
Louangphrabang
Muang Pakbèng
1837
Mènam Kohng (Mekong)
1984
Xiang Ngeun
Muang Höngsa
Ban Xenkhalôk
134
Sala Pac Thu
102
13
Muang Souy
7
236
98
Muang Nan
2153
2293
Phou Khoun
Ban Sen Kôm
Ngum
Muang Thadûa
2100
Doi Phukha Nat. Park
Bong Long
Muang Xaignabouri
55
2121
2264
Ban Thieng
Muang Kasi
2455
Ban Namcha
Mouang
1793
Ban Phatang
264
2165
Santi Suk
Muang Phiang
76
Sa Na Som
Muang Vangviang
160
1880
1927
Xaignabouri
Huoi Mo
Nam Poon
Mae Charim
62
Lik
Ban Nalè
Vientiane
Nam Ngum Res.
1537
Muang Pa
Muang Phôn-Hông
Huai
Muang Liap
Tu La Kho
Ban Saka
Ban Keun
Sali
Ban Ray
Ban Na Hat
Ban Nakha
71
13
Ban Nôn
Say Tha Ni
Muang Pak-Cay
211
Na Sai Thong
VIANGCH (VIENTIAN
Pak Chom
Phoem
Sang-Khom
Si Chiang Mai
22
55
Chiang Kan
Tha Bo
Nong
11
Ban Hut Taphu
Wang Pha
40
Natti
Namsom
Chomsi
Yuak
Ken Thao
Pou Kho
43
Sup
Ban Phu
Khok Chang
1037
Tha Li
Khok-Yai
Bo Muang Nai
Dong Mafei
Na Ngoi
Loei
Na Sai
Na Duang
Nong Waeng
Na Haeo
Kut Chap
Phu Rua
Phu Sawan
Nong Saeng
41
UDON THANI
22
Non U-dom
Huai Luang Res.
75
77
210
2
Dan Sai
44
Pong Chi
Wang Saphung
Na Klang
Na Kham Hai
Erawan Cave
1571
34
Nong Bua Lamphu
Nong Wua So
Dong Phaya Yen
85
Huai Hin Lat
Mo Nua
Non Champ
Na Mafuang
Tat Kha
Huai Yang
37
Phukradung N.P.
201
53
Lom Kao
Sam Muang
Phukradung
Si Bun Ruang
55
Non Sang
Lom Sak
49
228
Si Chomphu
274
12
50
Ubol Rat Res.
Khao Kho
Phu Wiang
Ban Phowiang
Nam Len
57
26
Ban Tha Phon
87
Phu Wiang N.P.
Chula-phon Res.
Chumphae
Na Ngua
44
36
Phrom Song
Phetchabun
Nong Rua
12
48
Chaliang Lap
Phu Khieo
Ban Thaen
Bu Chanuan

116

D
E
F
1
2
3
4
5
6
50 km
Ko Hinh
Ban Thamnou
Muang Xamteu
Song Chu
Phu Xoi Voi
Na Dong
Poungthak
B. Ban
Ban Ban
B. Xang
B. Tôm
B. Xan
Qué Phong
Phianglovang
Nong Pet
Nâm Căn
Nong Hèt
Nha Nai
Mu'ò'ng Lạm
Kỳ Sòn
Xiangkhoang
B. Ve
VIỆT
NAM
Na Ngoi
Khe Kiên
Tu'ò'ng Du'o'ng
Khe Bô
Song Cả
Muang Mooc
Ban Dông
Con Cuông
Tho Sơn Dua
Giải Trường Sơn
Ban Vang-An
Muang Mok
O
Muang Huang
Ban Dôn
Borikhan
Borikhan
Muang Pakxan
Ban Sôpxay
Ban Sôpchat
Bung Kan
Ban Paksa
Ban Napè
Pak Kad
Paksa Dinh
Ban Bakha
Nong Yao
Ban Na Inh Noi
Don Daeng
Keng Déng
Sophisai
Ban Dong Bang
Ban Thông-Noy
Phon Phisai
Phoncharoen
Ban Thôngkha
Na Di
Nong Thom
Seka
Khong Khan
Khammouan
Ban Muang
Ban Phaeng
Nam Thuon
Kham Ta Kla
Bai Nong Kwang
Rua Kham
Taling
Ban Hinkhan
Ban Dung
Wanon Niwat
Si Songkhram
Tha Champa
Khok Don
Akat Amnuai
Tha Uthen
Ban Nakak
Sawang Dan Din
Na Wha
Ban Chiang
Phon Sawan
Phang Khon
Nakhonphanom
Muang Khammouan
Phanna Nikhom
Kusuman
Warit Chat Hum
Ban Tha Rae
Tha Sila
Dong Mafei
Nam Un Res.
Nong Han Res.
Pla Pak
Sakhonnakhon
Ban
Nuong Booc
Kut Bak
Si That
Nong San
Na Kae
Wang Sam Mo
That Phanom
Nong Saeng
Nam Phung Res.
Phu Lan Chang
Ban Noi
Tha Khan Tho
Wong Luang
Lam Pao Res.
Sang Kho
Kok Kok
U Thumphon
Kranuan
Som Det
Khao Wong
Sahatsakhan
Phu Pha Phũng
Phon
Xénô
Huai Mek
Na Mon
Savannakhét
Khamcha-I
Khuchinarai
Mukdahan
B. Nongseng
Nong Khaen
Sam Kha
Nong Sung
Yang Talat
Kalasin
Pho Chai
Nikhom Kham
Ban Naphan
Kamalasai
Nong Phok
Don Tan

113
117

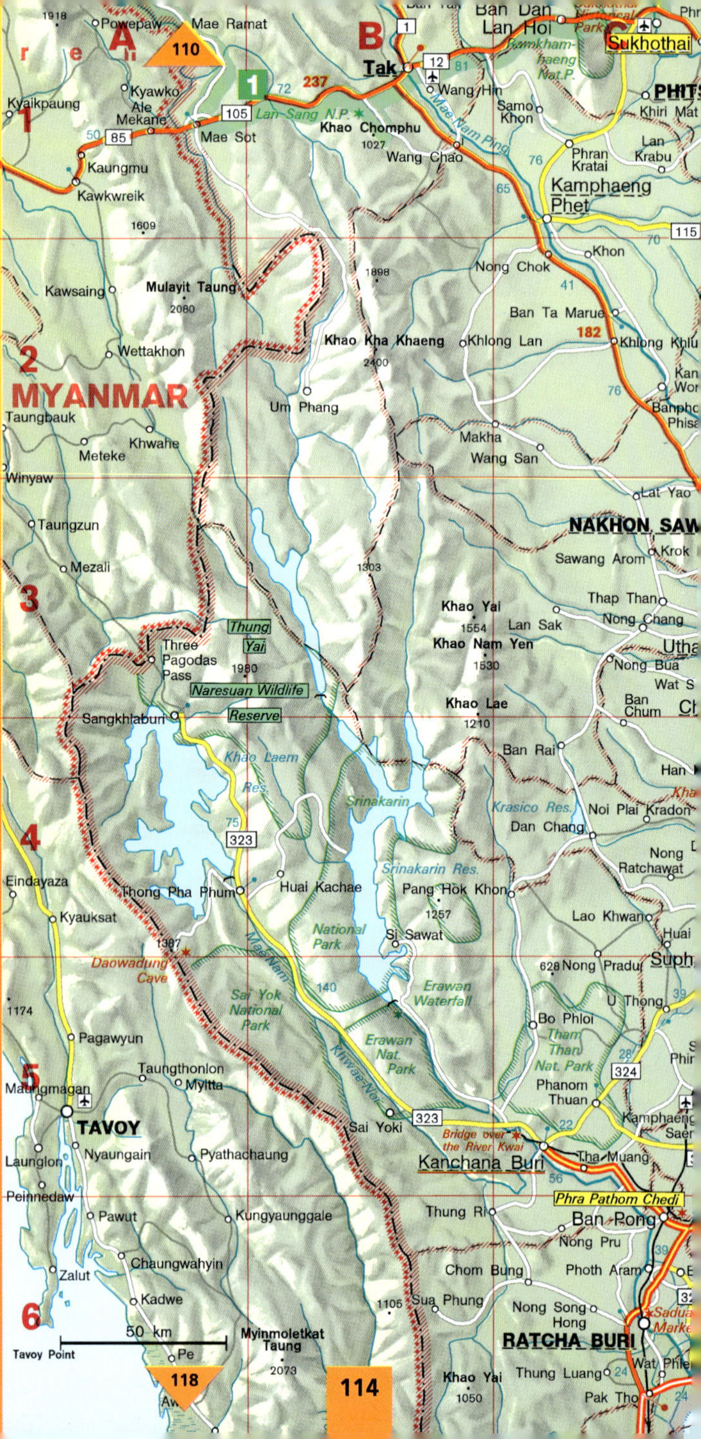

A
B
C
1
2
3
4
5
6
110
118
114
MYANMAR
Powepaw
Mae Ramat
Kyawko
Ale
Mekane
Kyaikpaung
Mae Sot
Kaungmu
Kawkwreik
Tak
Wang Hin
Samo Khon
Lan Sang N.P.
Khao Chomphu
Wang Chao
Mae Nam Ping
Lan Hoi
Sukhothai
Ramkhamhaeng Nat.P.
Khiri Mat
Phran Kratai
Lan Krabu
Kamphaeng Phet
Khon
Nong Chok
Ban Ta Marue
Khlong Lan
Khlong Khlu
Kawsaing
Mulayit Taung
Wettakhon
Khao Kha Khaeng
Um Phang
Taungbauk
Meteke
Khwahe
Makha
Wang San
Lat Yao
Winyaw
Taungzun
Mezali
NAKHON SAW
Krok
Sawang Arom
Thap Than
Khao Yai
Lan Sak
Nong Chang
Khao Nam Yen
Nong Bua
Wat S
Three Pagodas Pass
Thung Yai
Naresuan Wildlife Reserve
Sangkhlaburi
Ban Chum
Khao Lae
Ban Rai
Khao Laem Res.
Srinakarin
Krasico Res.
Noi Plai
Kradon
Dan Chang
Nong Ratchawat
Srinakarin Res.
Eindayaza
Kyauksat
Thong Pha Phum
Huai Kachae
Pang Hok Khon
Lao Khwan
National Park
Si Sawat
Huai
Daowadung Cave
Mae Nam
Nong Pradu
Suph
Sai Yok National Park
Erawan Waterfall
U Thong
Bo Phloi
Pagawyun
Erawan Nat. Park
Tham Than Nat. Park
Taungthonlon
Myitta
Khwae Noi
Maungmagan
Phanom Thuan
TAVOY
Sai Yoki
Kamphaeng Saen
Bridge over the River Kwai
Launglon
Nyaungain
Pyathachaung
Kanchana Buri
Tha Muang
Peinnedaw
Phra Pathom Chedi
Pawut
Kungyaunggale
Thung Ri
Ban Pong
Nong Pru
Chaungwahyin
Chom Bung
Photh Aram
Zalut
Kadwe
Sua Phung
Nong Song Hong
50 km
RATCHA BURI
Tavoy Point
Myinmoletkat Taung
Pe
Khao Yai
Thung Luang
Wat Phle
Pak Tho

D
E
F
1
2
3
4
5
6
111
115
119
Wat Bot
Nong Kwang Li
Thung Salaeng Luang Nat.P.
Yaeng
Pak Yang
Wang Thong
Lom Kao
Lom Sak
Tat Kha
Huai Yang
Phu Kradung N.P.
Phukradung
Sam Muang
Dong Phaya Yen
Khao Kho
Nam Len
Bang Krathum
Noen Maprang
Ban Tha Phon
Na Ngua
Chulaphon Res.
Phrom Song
Chumphae
Sam Ngam
Sak Lek
Phetchabun
Phichit
Chaliang Lap
Ban Pao
Phu Khieo
Dan Chang
Chumnum
Huai Na
Bu Chanuan
Kaset Sombun
Ap Chang
Taphan Hin
Chon Daen
Num Chan
Pho Thale
Bao Khao Sai
Nong Bua Daeng
Bang Mun Nak
Nong Phai
Tad Tone N.P.
Na Fai
944
1008
Chumsaeng
Nong Bua
Chaiyaphum
Bung Boraphet Wildl. pres.
Bung Boraphet
Bung Sam Phan
Lam Kachuan
Ban Khwao
Chalom Nae
Nam Bon
Wichian Buri
Chaturat
Ban Luam
Hoa Thanon
Phaisali
Tao Than
Bamnet Narong
Non Phet
Phayuha Khiri
Nong Sa
Si Thep
Thep Sa Thit
Nong Bua Khok
Tak Fa
Ban Khamping
Takhli
Nong Si Ma
Dan Khun Thot
Ban Haew
Ban Lam Narai
Ta Bua
Non Thai
Nong Soung
Khok Samrong
Ban Mi
Puk
NAKHON RATCHASIMA
Kham Thale So
Sikhiu
Sing Buri
Phra Prang Sam Yod
Phatthana Nikhom
Sung Noen
Lopburi
Rachan
Wat Phra Buddhabat (Holy Footprint Shrine)
Pak Nam
Muaklek Waterfall
Nong Khu
Pak Thong Chai
Tha Wung
Wiset Chai Chan
Nong Don
Khong Khi Sua
Pak Chong
Yang Kathung
Wat Chaiya
Ang Thong
Tha Rua
Muaklek
Lam Phra Phleong Res.
Wat Wiset Chi Chan
Maha Rat
Kaeng Khoi
Pa Mok
Saohai
Saraburi
Tha Chang
Phachi
Khao Yai N.P.
Phranakhon Si Ayutthaya
Cha-am
Nang Rong Waterfall
Ban San Chao Po
Vihan Daeng
Wang Takrai N.P.
875
Bang Sai
Sena
Bang Pa In
Nong Khae
Banna
Khao Kheaw N.P.
Bang Sai
Nong Sua
Luang
Wang Noi
Nakhon Nayok
Pak Phli
Tha Makok
Ongkharak
Pathum Thani
Prachin Buri
Prachantakham
Thanya Buri
Ban Sang
Kabin Buri
Lam Luk Ka
Si Mahaphot
Ban Kut Nao
Nonthaburi
BANGKOK
Bang Nam Priao
Khok Pip
Nong Chok
Sa Kaeo
Kluai
Taling Chan
Min Buri
Tha Lan
Phanom Sarakham
Phra Buddha Sothorn
Lat Kabang
Bang Kla
Samut Prakan
Chachoengsao
Ban Pho
Mai
Sanamchai Khet
Bang Bo
Bang Pakong
Samut Sakhon
Pom Phra Chunlachomkiao
Phanat Nikhom
Wang Nam Yen
Khok Pho
Songkhram
CHON BURI
Bang Saen
201
12
11
274
111
168
117
225
21
205
1
206
32
201
2
261
266
236
268
304
340
305
372
319
304
34
3
95
331

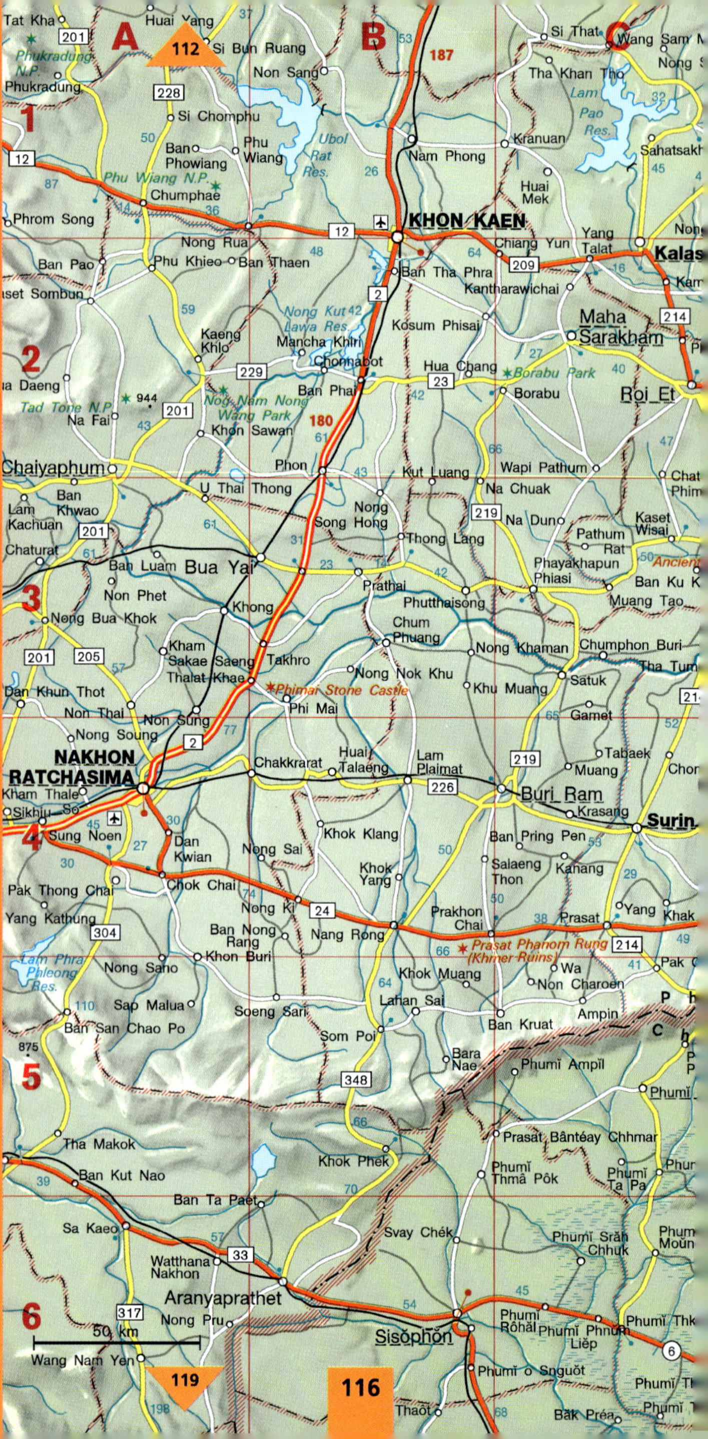
A
B
C
1
2
3
4
5
6
112
119
Tat Kha
Phukradung N.P.
Phukradung
Huai Yang
Si Bun Ruang
Non Sang
Si That
Wang Sam Mo
Nong
Tha Khan Tho
Lam Pao Res.
Si Chomphu
Ubol Rat Res.
Nam Phong
Kranuan
Sahatsakhan
Ban Phowiang
Phu Wiang
Phu Wiang N.P.
Chumphae
Huai Mek
Phrom Song
KHON KAEN
Nong Rua
Phu Khieo
Ban Thaen
Chiang Yun
Yang Talat
Kalasin
Ban Pao
Ban Tha Phra
Kantharawichai
Kamalasai
Nong Kut Lawa Res.
Kosum Phisai
Maha Sarakham
Kaeng Khlo
Mancha Khiri
Chonnabot
Hua Chang
Borabu Park
Roi Et
Ban Phai
Borabu
Tad Tone N.P.
Na Fai
Nog Nam Nong Wang Park
Khon Sawan
Chaiyaphum
Phon
Kut Luang
Wapi Pathum
Ban Khwao
U Thai Thong
Nong Song Hong
Na Chuak
Lam Kachuan
Na Dun
Kaset Wisai
Chaturat
Thong Lang
Pathum Rat
Ban Luam
Bua Yai
Phayakhapun Phisai
Ancient
Prathai
Ban Ku
Non Phet
Phutthaisong
Muang Tao
Khong
Nong Bua Khok
Chum Phuang
Kham Sakae Saeng
Takhro
Nong Khaman
Chumphon Buri
Tha Tum
Thalat Khae
Nong Nok Khu
Satuk
Dan Khun Thot
Phimai Stone Castle
Khu Muang
Non Thai
Phi Mai
Gamet
Non Sung
Nong Soung
Tabaek
NAKHON RATCHASIMA
Chakkrarat
Huai Talaeng
Lam Plaimat
Muang
Buri Ram
Kham Thale So
Krasang
Surin
Sikhiu
Sung Noen
Dan Kwian
Khok Klang
Ban Pring Pen
Nong Sai
Salaeng Thon
Kanang
Pak Thong Chai
Chok Chai
Khok Yang
Yang
Khukhan
Yang Kathung
Nong Ki
Prakhon Chai
Prasat
Ban Nong Rang
Nang Rong
Lam Phra Phleong Res.
Nong Sano
Khon Buri
Prasat Phanom Rung (Khmer Ruins)
Wa
Pak
Khok Muang
Non Charoen
Sap Malua
Soeng Sari
Lahan Sai
Ampin
Ban San Chao Po
Ban Kruat
Som Poi
Bara Nae
Phumĭ Ampĭl
Phumĭ
Tha Makok
Prasat Bântéay Chhmar
Khok Phek
Ban Kut Nao
Phumĭ Thmâ Pôk
Phumĭ Ta Pa
Ban Ta Paet
Sa Kaeo
Svay Chék
Phumĭ Srăh Chhuk
Phumĭ Moŭn
Watthana Nakhon
Aranyaprathet
Nong Pru
Sisŏphŏn
Phumĭ Rôhăl
Phumĭ Phnum Liĕp
Phumĭ Thkov
Wang Nam Yen
Phumĭ o Snguŏt
Thaŏt
Băk Préa
50 km

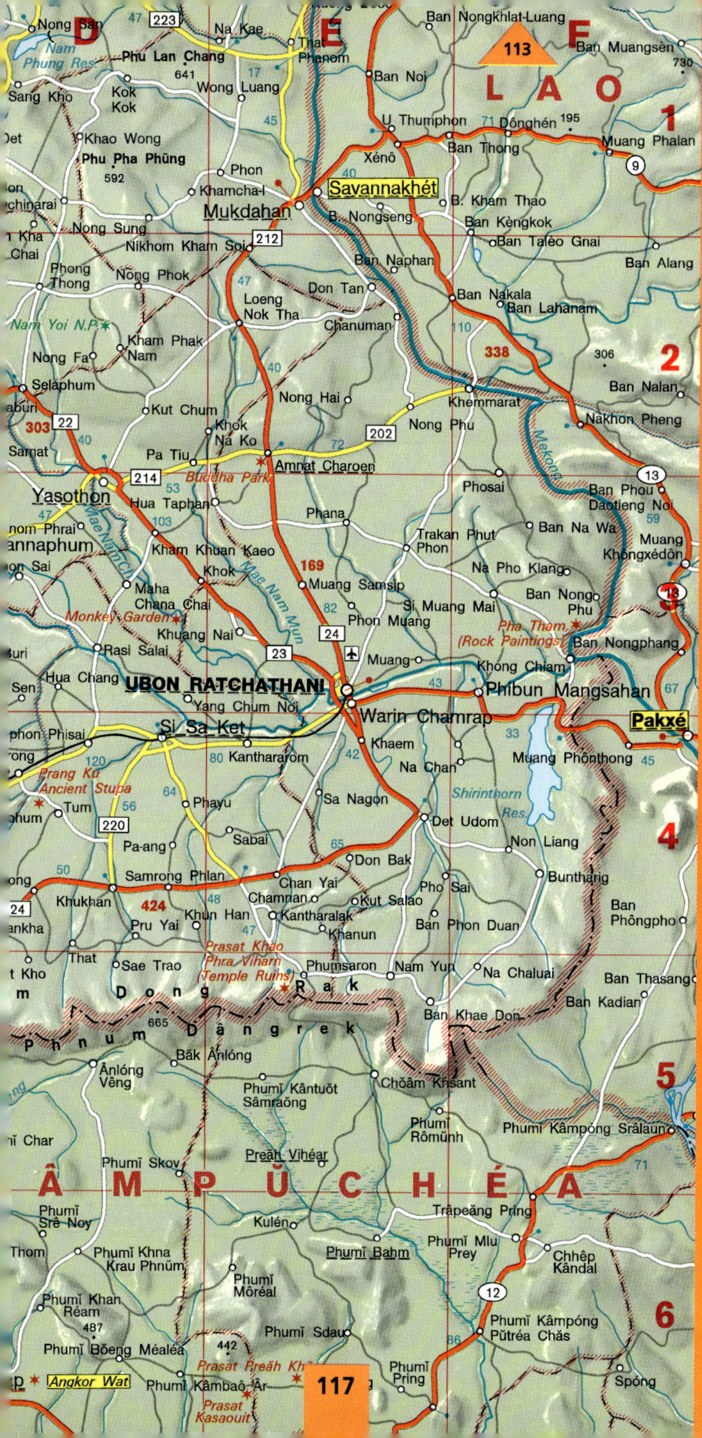

D
E
F
113
LAO
1
2
3
4
5
6
Nong San
Nam Phung Res.
Phu Lan Chang
Na Kae
That Phanom
Ban Nongkhlat-Luang
Ban Muangsèn
Sang Kho
Kok Kok
Wong Luang
Ban Noi
Khao Wong
Phu Pha Phüng
U. Thumphon
Dònghén
Muang Phalan
Xénô
Ban Thong
Phon
Khamcha-I
Savannakhét
Mukdahan
B. Kham Thao
B. Nongseng
Ban Kèngkok
Ban Taléo Gnai
Nong Sung
Nikhom Kham Soi
Ban Naphan
Ban Alang
Phong Thong
Nong Phok
Don Tan
Loeng Nok Tha
Ban Nakala
Ban Lahanam
Chanuman
Nam Yoi N.P.
Kham Phak Nam
Nong Fa
Selaphum
Nong Hai
Khemmarat
Ban Nalan
Nakhon Pheng
Kut Chum
Khok Na Ko
Nong Phu
Pa Tiu
Amnat Charoen
Buddha Park
Yasothon
Hua Taphan
Phosai
Ban Phou Daotieng Noi
Mekong
Phana
Ban Na Wa
Muang Khôngxédôn
Trakan Phut Phon
Kham Khuan Kaeo
Mae Nam Chi
Mae Nam Mun
Khok
Muang Samsip
Na Pho Klang
Maha Chana Chai
Si Muang Mai
Ban Nong Phu
Monkey Garden
Phon Muang
Khuang Nai
Pha Tham (Rock Paintings)
Ban Nongphang
Rasi Salai
Muang
Khong Chiam
Hua Chang
UBON RATCHATHANI
Phibun Mangsahan
Yang Chum Noi
Warin Chamrap
Pakxé
Si Sa Ket
Kantharalom
Khaem
Muang Phônthong
Na Chan
Prang Ku Ancient Stupa
Tum
Phayu
Sa Nagon
Shirinthorn Res.
Det Udom
Sabai
Non Liang
Pa-ang
Don Bak
Samrong Phlan
Chan Yai
Bunthariq
Khukhan
Chamnan
Kut Salao
Pho Sai
Ban Phôngpho
Pru Yai
Khun Han
Kantharalak
Khanun
Ban Phon Duan
That
Prasat Khao Phra Viharn (Temple Ruins)
Sae Trao
Phumsaron
Nam Yun
Na Chaluai
Ban Thasang
Dong Rak
Ban Kadian
Ban Khae Don
Phnum Dângrek
Bǎk Ânlóng
Ânlóng Vêng
Phumĭ Kântuŏt Sâmraŏng
Chŏâm Khsant
Phumĭ Rômŭnh
Phumĭ Kâmpong Srâlau
Phumĭ Skov
Preăh Vihéar
ÂMPŬCHÉA
Phumĭ Srê Noy
Kulén
Trâpeăng Pring
Phumĭ Khna Krau Phnŭm
Phumĭ Bahm
Phumĭ Mlu Prey
Chhêp Kândal
Phumĭ Môréal
Phumĭ Khan Réam
Phumĭ Sdau
Phumĭ Kâmpóng Pŭtréa Chăs
Phumĭ Bŏeng Méaléa
Prasat Preăh Khan
Phumĭ Pring
Angkor Wat
Phumĭ Kâmbaô Âr
Prasat Kasaouit
Spóng
117

A
B
C
114
121
1
2
3
4
5
6
BANGKOK
Nonthaburi
Nakhon Pathom
Taling Chan
Samut Prakan
Samut Sakhon
Samut Songkhram
RATCHA BURI
CHON BURI
Kanchana Buri
Phra Pathom Chedi
Saduak Floating Market
Luang Po Ban Laem
Wat Phra Sriratama Mahathat
Ban Pong
Nong Pru
Thung Ri
Chom Bung
Sua Phung
Photh Aram
Bang Phae
Ban Phaeo
Nong Song Hong
Damnoen Saduak
Wat Phleng
Thung Luang
Pak Tho
Khao Yai
1050
Khao Yoi
Ban Laem
Nong Ya Plong
Khao Samun Weng
944
538
Petchaburi
Tha Yang
Hat Chao Samran
Phet Buri Res.
Nong Pradu
Kaeng Kra Chan N.P.
1537
Bang Ket
Cha-am
Thung Klua
Pak Ngam
Hua Hin
Pran Buri Res.
Pran Buri
Ban Pak Nam Pran
1202
Kawmapyin
Banpyi
Tagu
Phu Noi
Sam Roi Yot Mountain N.P.
971
Don Klang
373
Kui Buri
Kyaukmigyaung
Theinkun
896
MYANMAR
Prachuap Khirikhan
Thetke
1292
Ban Huai Yang
Huey Yang Waterfall
876
Thap Sakae
Ban Krut
176
Pong Ko
Bang Saphan
Ao Bang Saphan
Sam Yaek Huai Sak
792
Mai Sombun
Ban Thung Maha
Pathin
Tha Sae
Chumphon
Pak Nam Chumphon
Bight of Bangkok
Sai Yoki
Nat. Park
Bridge over the River
Tha Muang
Phanom Thuan
Kamphaeng Saen
Lat Bua Luang
Bang Len
Don Tum
Pathum Thani
Thanya Buri
Lam Luk Ka
Nong Chok
Min Buri
Lat Kabang
Bang Bo
Pom Phra Chunlachomkiao
Bang Saen
Sun Ta Then
Ko Sichang
Ao Bang Lamung
Bang Lamung
Ko Lan
Ko Phai
Pattaya
Ao Bang Sare
Ko Khram
Sattahip
Ko Samae San
Ko Chuang
T.P. Hồ Chí Minh
Singapore
323
340
321
325
35
104
4
3
34
95
22
24
38
39
44
56
66
93

D
E
F
116
372
Prachantakham
Kabin Buri
Si Mahaphot
Tha Makok
Ban Kut Nao
Sa Kaeo
Ban Ta Paet
Khok Phek
Prasat Bântéay Chhmar
Phumĭ Thmâ Pôk
Svay Chék
Khok Pip
Klua
Phanom Sarakham
Bang Kla
Chachoengsao
Pho Mai
Sanamchai Khet
Watthana Nakhon
Aranyaprathet
Nong Pru
Sisŏphŏn
Phumĭ o Sṅguŏt
Phanat Nikhom
Wang Nam Yen
Khok Pho
Phumĭ Thaŏt
Phumĭ Koŭk Kduŏch
Om Phanom
Thap Rang
Nong Takhian
Pa Yup
Pluak Daeng
KÂMPŬCHÉA
Rakom
Khao Soi Dao Range Wildlife pres.
Phumĭ Kdŏl Kraôm
Phumĭ Snǽng
Khao Chamao N.P.
Nam Khun
Na Yai Am
1028
1633
Pong Nam Ron
Pailĭn
Trêng
Klaeng
Ban Khai
Khao Khitchakoot N.P.
Nong Mapring
Makham
Soontornpoo Monument
Tha Mai
Chanthaburi
Pha Phrae
Ko Samet
Ko Samet N. Park
Phumĭ Sâmraông
Bo Rai
Phumĭ Tǽk Sŏk
Khlung
1551
Trat
Laem Ngob
Phumĭ Prâmôy
1618
1717
Ko Chang
Ban Ao Kongkang
Ao Kong-kang
Ao Trat
Ban Chamrung
Laem Sok
Ko Chang N.P.
Mai Rut
Ko Mak
Ban Hat Lek
Ko Kut
Krŏng Kaôh Kŏng
Phumĭ Thnál Krâbei
Kaôh Kŏng
Chhăk Kaôh Kŏng
Gulf of Thailand
50 km
1
2
3
4
5
6
304
319
331
317
334
33
3
318
484
119

A
B
C
1
2
3
4
5
6
Kau-Ye K.
Hangapru
Karaturi
Forest Strait
Lanbi K.
Clara I.
Wa-Ale K.
Sir Rob. Campbell I.
Pila K.
MYANMAR
Pulo Buda
Nangin
Marang
Kra
Lord Loughborough I.
12
Heckford Bank
Investigator Channel
Maliwun
4
Khao F
La-U
Zadetkale K.
Hastings I.
Macleod I.
Ulu
Isth
of K
Hastings Harbour
Zadetkyi K.
Ranong
950
Than K.
Ko Chang
Ph
Nam Sai
Ko Pha Yam
Christie I.
+6h30 Gr. Time
Kapoe
+7h Gr. Time
Ko Surin Nua
139
Na Kha
Ko Surin N.P.
Ko Surin Tai
4
1465
1106
Chieo
Ko Ra
Lan Res.
Khuraburi
Khao Sok Nat. Park
Ko Phra Thong
Khiri Thanikı
Ko Kho Khao
Bang Wan
Ban Takhun
Takuapa
Tham Waram
80
Andaman
Phanc
Bang Sak
Kapong
Bang
Ko Similan
Ko Similan N.P.
416
1048
Thap Put
Ko Payang
Phang Nga
Thai Muang
Ao Luk
85
2
Takua Thung
Sea
Khok Kloi
Laem Sak
402
Ao Phangnga Nat. P.
Thung
Chat Chai
4
Hat Nai Yang Nat. P.
Ko Yao
Shell
Cemetery
Thalang
Ko Phuket
Kathu
Ko Yao Yai
Hat Patong
Beach
546
Thap Tai
Hat Karon
Phuket
Ko Phi Phi Don
Ko Phi Phi Le
50 km
Ko Racha Yai
2
Ko Racha Noi

E
F
118
1
2
3
4
5
6
Sam Yaek Huai Sak
Ban Thung Maha
Pathin
Pak Khlong Saphli
Chumphon
Pak Nam Chumphon
Thung Kha Tok
Ao Sawi
Sawi
Ko Tao
Hin Sam Kon
Chong Tao
Pak Nam Lamae
Ang Tong Marine Nat. P.
Tong Sala
627
Ko Pha Ngan
Ko Ang Tong
Chong Pha Ngan
Beach
Ao Mae Nam
Tha Chana
Ko Pha Luai
Ko Samui
Ao Chaweng Yai
Beach
Ao Taling Nam
Ko Samui
64
Dong Bang
Ling Chum
Ao Bang Kao
Chaiya
Chong Samui
Ao Ban Don
Don Sak
Tha Chang
Khanom
Kanchanadit
Wat Nok
SuratThani
Phunphin
Sichon
Khlong Mot
Sai To
1370
401
Ban Na Sam
1375
Tha Sala
Huai Yot
Wiang Sa
Phra Saeng
Ao Nakhon
1793
Khao Luang N.P.
170
Chawang
Tan
NAKHON SI THAMMARAT
Sai Ra
41
Lan Saka
1309
Pak Phanang
Thung Yai
403
Ron Phibun
Ban Pak Phraek
Bang Luang
Thung Song
Bo Lo
41
408
Hua Sai
Huai Thap
Kapang
Cha-Vat
403
Thale Noi Nat. Park
Ranot
288
Khao
Huai Yot
Khuan Khanun
Chai Khlong
Wang Wiset
Siban Phot
Ban Baw Meuang
Phatthalung
Kra Sae Sin
Trang
191
Thale Luang
Sikao
4
Na
121
122
Phra
404
Kantang
Yan Ta Khao
Kao Chaison

A
B
C
121
1
2
3
4
5
6
Phanom
Bird's N.P.
Ban Na Sam
1375
Tha Sala
Bang Khram
Yan Khian
Huai Yot
Thap Put
Plai Phaya
Wiang Sa
Phra Saeng
Ao Nakhon
1793
Khao Luang N.P.
170
Chawang
Tan
NAKHON SI THA
Ao Luk
Sai Ra
Lan Saka
Pak Phanang
Than Bok Koroni Bot. Garden
1309
Laem Sak
Khao Phanom
1397
Thung Yai
403
Ron Phibun
Ban Pak
Thung
Khao Phanom Bencha N.P.
Bang Luang
Thung Song
Bo Lo
Ko Yao
Shell Cemetery
Krabi
Huai Thap
Kapang
408
Hua Sa
Ko Yao Yai
Thap Tai
Khlong Thom
Cha-Vat
Thale Noi Nat. Park
Ranot
Ko Phi Phi Don
Mu Ko Phi Phi
Ko Si
Boya
Sai Khao
288
Huai Yot
Khuan Khanun
Chai Khlong
Ko Phi Phi Le
Ko Jum
Wang Wiset
Siban Phot
Phatthalung
Ban Sala Dan
Ban Baw Meuang
Ko Lanta
Trang
191
Na Wong
Thale Luang
Sikao
Ko Ngai
Kantang
Kao Chaison
Ko Muk
Yan Ta Khao
Tha Nod
404
993
Pak Phaju
Pha Bon
Ko Libong
Palian
Kuang Niang
Thung Wa
Rattaphum
Songk
Ko Sukong
Ban Khlong Kua
Langu
Ban Pak
406
Khlong Ngae
Ban Chin
Padang Besar
Ko Tarutao
Satun
Ko Rawi
Ko Batong
Ko Adang
Perlis
Chinchin Straits
Arau
Kangar
P. Langkawi
Pandang Matsirat
Kuah
Kuala Perlis
Pantai Tengah
P. Singa Besar
P. Dayang Bunting
P. Payar
Sultan's Palace
Alor Star
Kuala Kedah
Marine Park
Simpang Tiga
Guar Chempedak
Yan
Bedon
Sunga Petan
Selat Utara
64
P. Pinang (Penang)
Tanjung Tokong
Tanjung Muka
Air Itam
GEORGETOWN
Butt
Genting
Merta
Teluk Kumbar
Selat Selatan
Pinang
Nibong Teba
50 km

D
E
F
1
2
3
4
5
6
SOUTH
CHINA
SEA
NGKHLA
Chana
Thepa
Pattani
Yaring
42
25
Lam Phrai
101
Khok Pho
Mayo
410
52
406
Saba Yoi
409
Sai Buri
Yala
Yaha
85
Toh Sai
Raman
Narathiwat
+7h Gr. Time
+8h Gr. Time
Ruso
Yi Ngo
Rangae
Kg. Pengkalan Kubor
Tumpat
KOTA BHARU
Ban Nang Sata
Sungai Padi
Pasir Mas
3
Bachok
115
130
Peringat
Kg. Laut Mosque
Waeng
Sungai Ko-lok
Kg. Kadok
Kg. Tok Bali
Kuala Besut
160
Tenah Merah
8
Pasir Puteh
Bt. Lata Papalang
223
G. Uluh Merah
Sik
1266
Betong
+8h G.
Kg. Nibong
4
Machang
Jertih
Tasik Temengur
Jeli
Baling
Keroh
Kg. Lawa
51
67
Kuala Regang
Kg. Lalang
4
167
80
110
66
Banjaran Bintang
G. Basor
1838
Kuala Krai
60
Banjaram Timur
50
Pulau Banding
Kg. K. Balah
Serai
1862
Grik
G. Noring
1861
Dabong
Gunung Kambing
1307
MALAYSIA
Bukit Abu
Lawin
Kemubu
Lalok
Banjaran
Perak
108
Tasik Kneringe
76
162
G. Cham
8

In diesem Register sind alle in diesem Führer beschriebenen Orte, Ausflugsziele und Strände verzeichnet. Halbfette Seitenzahlen verweisen auf den Haupteintrag, kursive auf ein Foto.

Ancient Palace (Ayutthaya) 42
Ang-Thong-Nationalpark **74,** 88
Ao Nang Beach (Krabi) 75, 76
Ao Sane Beach (Phuket) 77, 78
Ayutthaya 8, 9, 27, 41, **42**, 48
Ban Chiang 8, 61, **67**
Bangkok 7, 8, 9, 10, 11, 16, 17, 23, 24, 27, **28,** 38, 92, 94, 95, 96, 98, 99, 100
Bang Pa In 44
Bang Sai 44
Bang Tao Beach (Phuket) 77, 78
Ban Khoksanga *62,* 63
Ban Ko Noi 49
Ban Saladan 71, 85
Ban Tham 83
Bhumipol-Staudamm 82
Big Buddha (Ko Samui) 72
Big Buddha Beach (Ko Samui) 72
Bo Phut Beach (Ko Samui) 72
Bor Sang 26, *52,* 53
Brücke am Kwai 27, 42
Chalong 77, 78
Chankasem Palace (Ayutthaya) 43
Chantaburi 33, **36**
Chatuchak Weekend Market (Bangkok) 30
Chaweng Beach (Ko Samui) *7,* 72, 73, 74
Chiang Mai 23, **51,** 81, 89, 96, 98
Chiang Rai 54, **55**
Chonburi 27, 33
Chong-Kam-See 57
Dan Kwian **64**
Dörfer der »Langhalsfrauen« 58
Doi Inthanon **54**
Doi Kong Mu 57
Dorf der Seidenweber s. Pak Thong Chai
Dorf der Töpfer s. Dan Kwian
Drei-Pagoden-Pass *41,* 47
Elefantendorf (Pattaya) 36, *37*
Elephant Camps (Chiang Mai) 92
Goldenes Dreieck 59
Großer Palast (Bangkok) 17, **28,** *31*
Harmonie 10
Hat Sai Kao s. White Sand Beach
Hua Hin 69
Hua Nam 83
Hua Thanon *72,* 73
Jomtien Beach (Pattaya) 34
Kai Bae Beach (Pattaya) 38
Kamala Beach (Phuket) 77, 78
Kanchanaburi 27, **45**
Kao Phra Thaeo Park (Phuket) 77
Kap Promthep (Phuket) 77
Karon Beach (Phuket) 77
Karon Noi Beach (Phuket) 77
Kata Beach (Phuket) 77, 78
Kata Noi Beach (Phuket) 77, 78
Katoy (Ladymen) 38, *94*
Khao-Laem-Stausee 47
Khao-Sam-Roi-Yod-Nationalpark 70
Khao-Sok-Nationalpark *69,* 79
Khao Takiab Hill (Hua Hin) 70
Khao Wang 70
Khon Kaen 61
Khun Yuam 83
Klong-Fahrten (Bangkok) 29
Klong Dao Beach (Ko Lanta) 71, 84
Klong Phrao Beach (Pattaya) 38
Kobradorf s. Ban Khoksanga
Ko Chang 33, **37,** 89
Ko Jum 85
Ko Kha 81
Ko Lanta **70,** 84, *85*
Ko Larn 34, **37**
Ko Pai 84
Ko Pannyi 79, 85
Ko Phangan 70
Ko Phi Phi Don **79,** *80,* 84, 88
Ko Phi Phi Le 79, 84, 88
Ko Poda 75
Korat s. Nakhon Ratchasima
Ko Samet 37
Ko Samui **71,** 87, 88, 93, 98
Ko Tao **75,** 89
Krabi **75,** 84
Kriegsfriedhöfe/Kanchanaburi 46
Kwai-Fluss *45*
Laem Ngob 38, 39
Laem Trong 84
Lamai Beach (Ko Samui) *68,* 72, 73, 74
Lampang 81
Lamphun **54,** 81
Lansang-Nationalpark 82
Lopburi 44
Loh Bagao Beach (Ko Phi Phi Don) 79
Love Animal House (Mae Rim) 93
Mae Aw 58
Mae Hong Son 54, **57,** 83, 89
Mae Nam Beach (Ko Samui) 72
Mae Ramoeng 82
Mae Rim 93
Mae Sa Valley 55
Mae Sai 53
Mae Salid 82
Mae Salong 56
Mae Sam Laep 83
Mae Sariang 82
Mae Sot 82, 88
Mai Khao Beach (Phuket) 77
Mangrovendschungel (Phuket) 77
Nai Harn Beach (Phuket) 77
Naithon Beach (Phuket) 77
Nai Yang Beach (Phuket) 77
Nakhon Ratchasima 7, **63**
Nakhon Sawan 26
Nam Mao Beach (Krabi) 76
Nam Tok 45, 46
Nan 27
Nathon 72
Nationalmuseum (Bangkok) 29
Nong Khai 65, *66*
Pai 57, 83, 89
Pak Thong Chai 64
Palau-U 70
Pansea Beach (Phuket) 77
Patong Beach (Phuket) 77, 78
Pattaya **33,** *34,* 38, 87, 89, 92, 99
Pattaya Elephant Village s. Elefantendorf
Payathonzu 48
Phai Plong Beach (Krabi) 85
Phang-Nga-Bucht **79,** 85, 88
Phichit 27
Phimai 27, **64**
Phitsanulok 27, 48
Phra Nang Beach (Krabi) 75, 76, 85, 88
Phra Nang Cave (Krabi) 75
Phrasat Phanom Rung 65
Phu-Wiang-Nationalpark 63
Phuket, Insel 25, 26, 27, 69, **71,** 87, 88, 93, 94, 95, 96, 98, 100
Phuket, Stadt 38, **77,** 95, 99
Phunping, Königlicher Winterpalast (Wat Phra That Doi Suthep) 55
Princess Lagoon 75
Railay Beach (Krabi) 75, 85, 88
Ratchaburi 70
Rayong 33
Rin Beach (Ko Phangan) 74, 75
River Kwai s. Kwai-Fluss
Sai-Yok-Nationalpark 46
Sangklaburi 46, **47**
Santi Khiri s. Mae Salong
Sawankhalok 49
Similan-Inseln 88
Sirirat-Nationalpark 77
Si Satchanalai **49,** 81
Songkhla 24
Soppong 58, 83
Sriracha Tiger Zoo 34, **92**
Sukhothai 8, *26,* 27, 41, **48,** 81
Surat Thani 79

Surin 65
Surin Beach (Phuket) 77
Tachilek (Myanmar) 58, 59
Tak 82
Ta Klang 65
Taksin-Maharat-Nationalpark 82
Tempel der Tigerhöhle 75
Tham Lot 58, 83
Tham Nam Lang 58
Tham Pla 83
Thaton 54, **56,** 87
Three Pagoda Pass
s. Drei-Pagoden-Pass
Thung Kwian 81
Tong Nai Pan Beach (Ko Phangan) 75
Trang 27
Trat 33
Ubolrat-Damm 63
Udon Sunshine Orchid Garden (Udon Thani) 67
Udon Thani 67
Umphang 82, 88
Waeng Khan 47
Wang Po 45
Wang Wiwekaram (Sangklaburi) 47
Wat Arun (Bangkok) 29
Wat Benjamabophit (Bangkok) 28
Wat Chalong (Phuket) 77
Wat Chedi Luang (Chiang Mai) 51
Wat Chiang Man (Chiang Mai) 52
Wat Jed Jod (Chiang Mai) 52
Wat Kao Sukim 36
Wat Khaek (Nong Khai) 65
Wat Mahatat (Ayutthaya) *42,* 43
Wat Mahatat (Sukhothai) *40,* 48
Wat Muang Gao (Khon Khaen) 61
Wat Panang Choen (Ayutthaya) 43
Wat Phra Keo (Bangkok) 17, **28,** *107*
Wat Phra Keo (Chiang Rai) 55
Wat Phra Phai Luang (Sukhothai) 48
Wat Phra Sing (Chiang Mai) 52
Wat Phra That Doi Suthep *12,* 55
Wat Phra That Haripunchai (Lamphun) 81
Wat Phra That Lampang Luang 81
Wat Po (Bangkok) 29
Wat Pukao Tong (Ayutthaya) 43
Wat Si Chum (Sukhothai) 48
Wat Si Sawai (Sukhothai) 48
Wat Tam Sua (Tempel der Tigerhöhle) 75
White Sand Beach (Ko Chang) *32,* 38, **39**

Schreiben Sie uns!

Liebe Leserin, lieber Leser,

wir setzen alles daran, Ihnen möglichst aktuelle Informationen mit auf die Reise zu geben. Dennoch schleichen sich manchmal Fehler ein – trotz gründlicher Recherche unserer Autoren/innen. Sie haben sicherlich Verständnis, dass der Verlag dafür keine Haftung übernehmen kann. Wir freuen uns aber, wenn Sie uns schreiben.

Senden Sie Ihre Post an die MARCO POLO Redaktion,
Mairs Geographischer Verlag, Postfach 31 51, 73751 Ostfildern,
marcopolo@mairs.de

Impressum

Titelbild: Ko Samui, Big Buddha (O. Stadler)
Fotos: Autor (5 o., 32, 34, 37, 41, 42, 45, 47, 60, 62, 69, 79, 82, 85, 89, 90); K. H. Buschmann (18, 57); W. Hahn: Zürn (66); HB Verlag: Kiedrowski/Schwarz (25, 94); Mauritius: Beck (26), Cassio (50), Vidler (52); Silvestris: Stadler (Umschlag li.); O. Stadler (Umschlag mi. und re., 1, 2 u., 4, 6, 7, 9, 14, 27, 28, 68, 72, 75, 80, 107); O. Stadler & A. Stubhan (16, 20, 21, 22, 86); M. Thomas (2 o., 5 u., 12, 31, 40, 93); H. Wormsbächer (11)

2. (9.)., aktualisierte Auflage 2002 © Mairs Geographischer Verlag, Ostfildern
Herausgeber: Ferdinand Ranft, Chefredakteurin: Marion Zorn
Lektorin: Corinna Walkenhorst, Bildredakteurin: Gabriele Forst
Kartografie Reiseatlas: © Mairs Geographischer Verlag/Falk Verlag, Ostfildern
Gestaltung: red.sign, Stuttgart
Sprachführer: in Zusammenarbeit mit dem Ernst Klett Verlag GmbH, Stuttgart, PONS Wörterbücher

Printed in Germany. Gedruckt auf 100% chlorfrei gebleichtem Papier

Bloß nicht!

Worauf Sie achten sollten, um Schwierigkeiten zu vermeiden

Begehrlichkeiten wecken

Thailand ist im Allgemeinen ein ungefährliches Reiseland. Selbst spätnachts können Sie sich in Bangkok sicher fühlen. Ein paar Vorsichtsregeln gelten aber wie überall auf der Welt: So ist es unvernünftig, eine dicke Brieftasche überall zu zeigen. Gepäck sollte man immer im Auge behalten, besonders auf Busbahnhöfen und anderen belebten Plätzen. Frauen sollten sich an einsamen Stränden nicht oben ohne zeigen. FKK ist verboten! Auch von nächtlichen Strandspaziergängen ohne Begleitung ist abzuraten.

Mit Drogen handeln

Auf Drogenhandel steht im schlimmsten Fall die Todesstrafe. Auch wenn westliche Ausländer noch nie hingerichtet wurden, kommt eine langjährige Haftstrafe in einem thailändischen Gefängnis fast einem Todesurteil gleich. Vorsicht: Selbst der Besitz kleinster Mengen von weichen Drogen wie *ganja* (Marihuana) kann Sie ins Gefängnis bringen!

Fahrzeuge an der Straße mieten

In vielen Urlaubsorten bieten Verleiher Autos oder Motorräder ohne Vertrag an. Sie müssen lediglich Ihren Pass hinterlegen. Aber immer wieder kommt es vor, dass schadhafte Fahrzeuge ausgeliehen werden und der Tourist hinterher zur Kasse gebeten wird. Auch wird hin und wieder der Wagen oder das Motorrad mit Nachschlüssel gestohlen – und dann müssen Sie für den Schaden aufkommen. Lesen Sie den Vertrag genau durch, denn das günstigste Angebot kann Sie teuer zu stehen kommen.

Schleppern folgen

Wo Touristen sind, lauern auch Schlepper. Sie bieten alles Mögliche an: Edelsteine, kostenlose Sightseeingtouren, Prostituierte. Thais sind normalerweise Fremden gegenüber zurückhaltend und sprechen sie nicht einfach auf der Straße an. Wenn es doch jemand tut, können Sie fast immer sicher sein, dass Sie am Ende draufzahlen.

Sich auf Streit einlassen

In seltenen Fällen kann es sein, dass die ansonsten sehr kontrollierten Thais es auf Ärger anlegen, etwa in alkoholisierter Runde. Lehnen Sie Einladungen zu Trinkgelagen mit Einheimischen, die Sie nicht kennen, freundlich ab, oder entfernen Sie sich nach einem Höflichkeitsschluck. Falls Sie doch einmal Aggression zu spüren bekommen, bleiben Sie ruhig. Vermeiden Sie auch unbedingt, einem ohnehin schon wütenden Thai einen Gesichtsverlust zuzufügen.